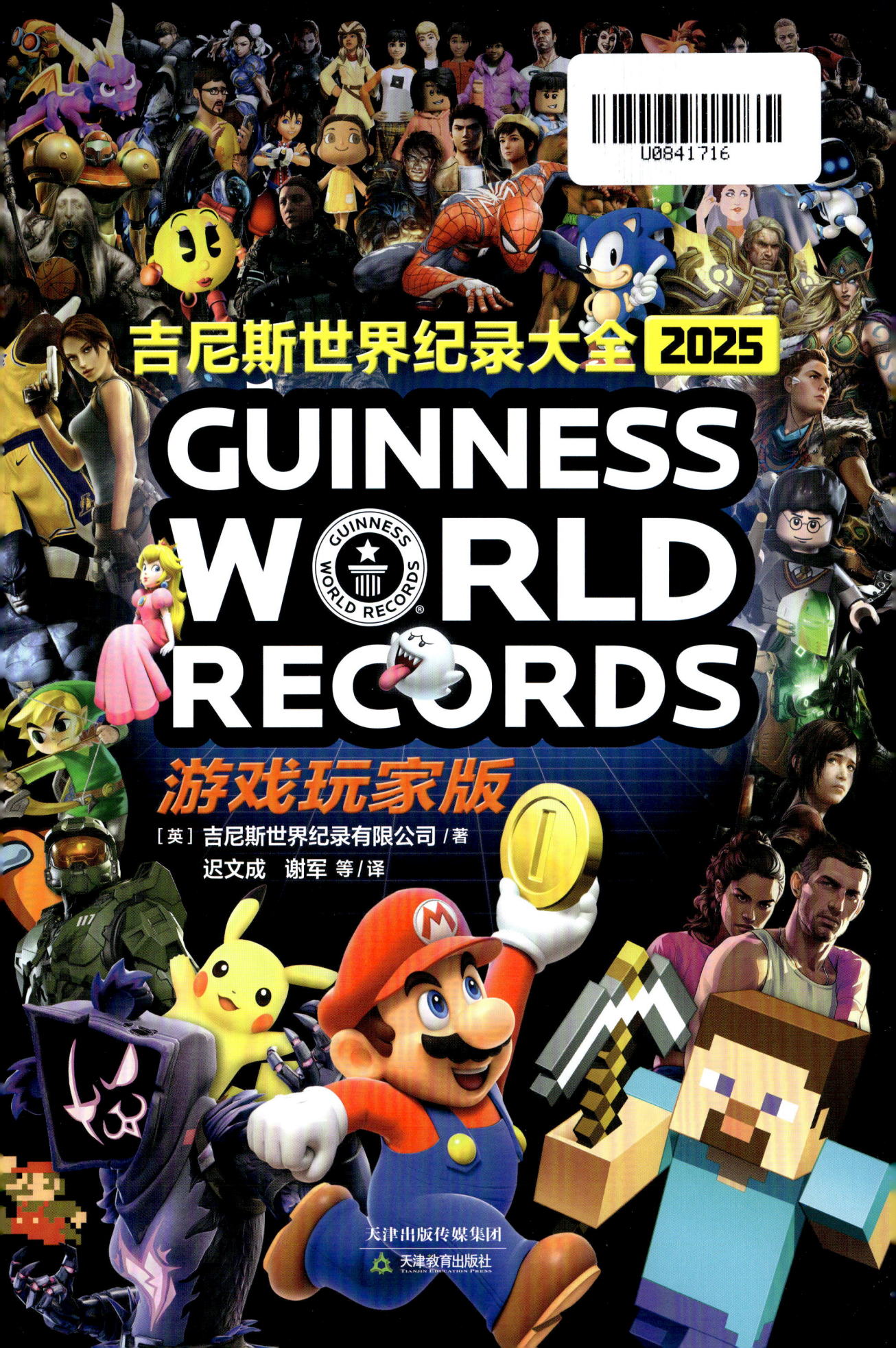

图书在版编目（CIP）数据

吉尼斯世界纪录大全：2025游戏玩家版/英国吉尼斯世界纪录有限公司著；迟文成等译. -- 天津：天津教育出版社，2025.3. --ISBN 978-7-5309-9567-9

I. G898-49

中国国家版本馆CIP数据核字第20255X6H35号

©2025 吉尼斯世界纪录有限公司

本书中文简体版由吉尼斯世界纪录有限公司授权，由天津教育出版社在中国境内独家出版发行。

版权登记号图字02 2025 — 050

吉尼斯世界纪录大全2025游戏玩家版
JINISI SHIJIE JILU DAQUAN 2025 YOUXIWANJIA BAN

出版人	黄 沛
作　者	吉尼斯世界纪录有限公司
译　者	迟文成　谢军　王馨悦　潘清　邓玲　陈思莹　周静文　杨金花
选题策划	王美娜　霍文丽　安洁
责任编辑	安洁　丁凡戎
装帧设计	郭亚非
翻译顾问	贾欣岚　曹杉
出版发行	天津出版传媒集团 天津教育出版社 天津市和平区西康路35号　邮政编码300051 http://www.tjeph.com.cn
经　销	新华书店
印　刷	天津海顺印业包装有限公司
版　次	2025年3月第1版
印　次	2025年3月第1次印刷
规　格	16开（787毫米×1092毫米）
字　数	200千字
印　张	12
定　价	128.00元

序 言
蓝色巨星

关于那位打破《俄罗斯方块》纪录的少年！

大家好！我是威利斯·吉布森，也就是大家熟知的蓝色巨星。在此，我诚挚地欢迎各位翻开这部最新出版的《吉尼斯世界纪录大全 2025 游戏玩家版》！

我有幸由伦敦吉尼斯世界纪录游戏总部的编辑团队委以重任，受邀为这部备受瞩目、畅销全球的第 14 版游戏年鉴撰写序言。这部年鉴，作为游戏界无可争议的畅销之作，不仅见证了游戏世界的辉煌历程，更承载了无尽的荣耀与梦想。

此刻，我满怀激情与敬畏之心，向各位引荐这部集新闻资讯、统计数据、确凿事实与精确数字于一体的鸿篇巨制——这不是因为书中记录了我的个人传奇经历（第 83 页将详细介绍我如何打破 NES 版《俄罗斯方块》的纪录），而是因为它精心收录了全球吉尼斯世界纪录游戏爱好者团队选出的 100 项最了不起的游戏世界纪录。从街机时代的经典之作《太空侵略者》，到当下风靡的主机游戏《马力欧 vs. 咚奇刚》，乃至经久不衰的《俄罗斯方块》，各类游戏应有尽有，令人目不暇接。此外，书中还揭秘了全球最大的街机游戏、最富有的电竞选手、最具创意的游戏设计师以及最快的跑酷高手等精彩内容。

至今，我仍对自己成为首位"打破"《俄罗斯方块》纪录的玩家感到难以置信。当我通关时，内心的震撼与喜悦难以言表，我几乎晕厥过去，结束时手指甚至失去了知觉！而这份喜悦与荣耀，并非我一人独享。全球范围内的广泛关注，让我有幸登上了世界各地的电视新闻节目。一个来自俄克拉何马州的 13 岁少年，竟能在从东京到伦敦的荧屏上大放异彩。正是在那个时刻，吉尼斯世界纪录的团队向我伸出了橄榄枝，我因此成为一名官方纪录保持者。

若你与我一样，对游戏怀有满腔热忱，那么，你同样有机会获得那份令人自豪的吉尼斯世界纪录证书。它在我的卧室墙上熠熠生辉，成为我无尽的荣耀与激励。正如吉尼斯世界纪录的新任游戏纪录经理托马斯·马歇尔所言，每个人都有机会创造属于自己的纪录。因此，我衷心希望你通过阅读这部年鉴能够汲取灵感，勇敢尝试，创造属于你的传奇。或许，在 2026 年的版本中，我们就能看到你的名字闪耀其中！祝你好运！

那么，你为何取名蓝色巨星呢？

我的昵称"蓝色巨星"灵感来源于浩瀚宇宙中一颗庞大的天体——盾牌座 UY。这颗恒星是已知宇宙中最大的恒星之一，比我们的太阳大上约五十亿倍。

你已然成为一个大明星！这种感觉如何？

我不过是一个普普通通的小男孩，过着与同龄孩子无异的生活——比如去打保龄球之类的——但我碰巧在一款老电子游戏上玩得不错。我的下一个目标是赢得经典游戏《俄罗斯方块》世界锦标赛的桂冠！

对于那些渴望打破纪录的勇者，你有何建议呢？

只要你下定决心，并愿意为之倾注不懈的努力与坚持，那么在大多数情况下，只要你的付出足够多，成功往往会如约而至。

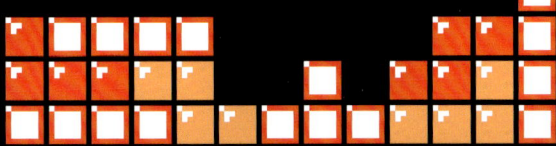

目录

欢迎翻阅吉尼斯世界纪录专家团队悉心编纂的百强游戏纪录排行榜！

	标题	页码
	序言	3
	导言	6
	如何跻身纪录创造者之列	8
	游戏年度回顾	10
	获奖盛况概览	14
	吉尼斯世界纪录游戏大奖	16

排行	标题	页码
100	首只获得极速挑战纪录的狗狗	18
99	最高的游戏角色扮演服装	19
98	获得LEC赛事冠军最多	20
97	最畅销的PS5独占游戏	21
96	Twitch平台上观看次数最多的游戏	22
95	一年内获金摇杆奖次数最多的游戏	23
94	最畅销的大型多人在线游戏	24
93	连载时间最长的游戏改编漫画角色	25
92	获得PS奖杯数量最多	26
91	收入最高的女性电竞选手	27
90	规模最大的残障人士电竞团队	28
89	增长速度最快的非移动端游戏	29
88	Steam平台同时在线玩家人数最多	30
87	最大规模的《古墓丽影》纪念品收藏	31
86	最畅销的PS4独占游戏	32
85	最大的可使用的Game & Watch游戏机	33
84	金额最大的手游奖金池	34
83	最畅销的乐器游戏	35
82	最畅销的单人女性主角游戏	40
81	最畅销的赛车游戏系列	41
80	最畅销的美国体育游戏	42
79	最畅销的格斗游戏系列	43
78	首款家用游戏机手柄	44
77	最畅销的第九代游戏机	45
76	首款高清电子游戏机	46
75	基于电子游戏的票房最高的传记电影	47
74	历史最悠久的模拟飞行系列游戏	48
73	最畅销的第一代游戏机	49
72	《星球大战》系列中最受好评的游戏	50
71	历史最悠久的街机游戏系列	51

排行	标题	页码
70	最畅销的任天堂家用游戏机	54
69	最畅销的电影改编游戏	55
68	规模最大的游戏收购案	56
67	获得艾美奖最多的游戏改编作品	57
66	最畅销的游戏配乐	58
65	《穿越火线》比赛累计奖金收入最高的玩家	59
64	人体组成的最大宝可梦图案	60
63	最畅销的任天堂游戏	61
62	运营时间最长的游戏播客	62
61	收入最高的电竞选手	63
60	运营时间最长的电竞游戏	64
59	速通游戏盛会筹集最多的慈善募款	65
58	规模最大的第三方Game Pass游戏上线	66
57	最大的彩色Game Boy掌上游戏机	67
56	任天堂Switch平台上最畅销的游戏	70
55	最稀有的任天堂游戏	71
54	销售最快的任天堂游戏	72
53	最长的游戏剧情	73
52	最大的街机游戏机	74
51	Kickstarter平台筹资额最高的游戏	75
50	在PlayStation平台上获得白金奖杯最多的游戏	76
49	最热门的游戏（按月活跃用户计算）	77
48	电竞奖金累计收入最高的国家	78
47	最畅销的农场生活模拟游戏	79
46	最大规模的电子游戏收藏	80
45	游戏宇宙中最多的星球	81
44	最受欢迎的虚拟宠物应用程序	82
43	首位触发《俄罗斯方块》（NES版）"杀屏"的玩家	83
42	首款跨平台电子游戏	86
41	规模最大的游戏直播服务平台	87

40	最畅销的PC独占游戏	88
39	Twitch平台同时在线观看人数巅峰纪录	89
38	《足球经理》游戏中持续时间最长的单场赛事	90
37	最畅销的根据古典名著改编的游戏	91
36	24小时内观看人次最多的电子游戏预告片	92
35	首部交互式电子游戏纪录片	93
34	最年长的主播	94
33	Steam首发最高同时在线玩家数	95
32	最受欢迎的社交模拟游戏	96
31	Twitch平台观看人数最多的单机游戏	97

30	最大规模的Xbox工作室发布会	98
29	销售最快的PlayStation独占游戏	99
28	最大规模的第一人称射击战斗	102
27	获得年度游戏奖数量最多的游戏	103
26	运营时间最长的电子游戏系列	104
25	最大规模的多人PVP对战	105
24	最受好评的超级英雄游戏	106
23	最受好评的大型多人在线角色扮演游戏	107
22	最大规模的电子游戏角色阵容	108
21	收入最高的电竞战队	109

20	下载次数最多的移动端独占游戏	110
19	规模最大的电子游戏展会	112
18	同时观看人数最多的电竞赛事	114
17	最畅销的第一人称射击游戏系列	118
16	最长的电子游戏马拉松	122
15	运营时间最长的足球游戏系列	126
14	运营时间最长的格斗游戏	130
13	预购数量最多的电脑游戏	134
12	规模最大的游戏角色Cosplay盛会	136
11	最畅销的游戏机	138

10	最畅销的电子游戏女主角	140
9	移植最多的电子游戏	142
8	Twitch平台上粉丝量最多	144
7	规模最大的用户生成内容平台	146
6	最快突破10亿美元收入的娱乐作品	150
5	最畅销的角色扮演游戏系列	152
4	最受好评的电子游戏	156
3	同时在线玩家最多的电子游戏	164
2	在电子游戏中亮相最多的游戏角色	170
1	最畅销的电子游戏	176

最新游戏纪录	182
中国纪录	184
致谢	189
团队介绍	190

专题

乐高®爆款套装	36
乐高®MOCs	38
玩家最多的25款游戏	52
游戏改编的电影	68
电子游戏中的宇宙飞船	84
最受欢迎的十大游戏配乐	100
游戏无障碍设计	116
最长游戏马拉松纪录	124
挑战纪录 玩转游戏	132
吉尼斯世界纪录大全·游戏玩家版摄影佳品	148
元宇宙游戏	162

在百强榜单中，所列举的纪录保持者均被精心归入以下各类别之中。读者可在XP面板中看到这些标志性的图标——它们不仅涵盖了游戏类型、赛事，还有人物，乃至狗狗等多元主题，不一而足……此番展示，无不在提醒我们，纪录的世界是何其多姿多彩，包罗万象！

 动作冒险
 冒险类角色扮演游戏
 角色扮演游戏
 射击游戏
 大型多人在线角色扮演游戏
 开放世界游戏
 策略与模拟游戏

 体育游戏
 赛车游戏
 街机游戏
 格斗游戏
 多人在线战术竞技游戏
 沙盒游戏
 休闲与移动游戏

 派对与节奏游戏
 社交与推理游戏
 "大逃杀"游戏
 生存恐怖游戏
 人物
 科技与硬件
 游戏社区

 电影、电视和流媒体
 竞赛与赛事
 音乐与原声带
 商业模拟游戏
 奖杯
 漫画与书籍
 狗狗主题

导 言

欢迎翻开《吉尼斯世界纪录大全 2025 游戏玩家版》——全球最畅销游戏参考书系列中的最新力作！本人汤姆，新近有幸成为纪录管理团队的一员，并荣膺团队中最为人称羡之职：负责游戏纪录的管理与审核。

2025 年度推出的《吉尼斯世界纪录大全 2025 游戏玩家版》精心遴选了 100 项游戏界了不起的世界纪录。这份榜单，得益于我们的游戏首席顾问韦斯利·尹－普尔（翻阅至第 190 页可以阅读更多关于他的信息）的帮助。此外，榜单的诞生还得益于吉尼斯世界纪录伦敦总部的编辑团队，以及来自全球各地吉尼斯世界纪录办公室的游戏爱好者们的通力合作。

你是否认同我们的百强榜单？或许有所异议！你挚爱的游戏是否榜上有名？若你钟爱热门游戏，那十有八九会找到！在编纂此榜单的过程中，我们有幸体验了数十款最具影响力的游戏大作，所以你将会看到诸如马力欧和皮卡丘这样的传奇角色，以及埃洛伊和迈尔斯·莫拉莱斯等新秀的各类纪录。

游戏世界

然而，此书不仅限于游戏范畴。诚然，我们会详尽探讨那些销量斐然、广受赞誉的游戏佳作，正如《俄罗斯方块》的忠实玩家蓝色巨星在其序言中所提及的那样，本书精心编纂的百强榜单涵盖之广泛令人叹为观止。它不仅囊括了收入斐然的电竞巨星与极具影响力的游戏大咖，还收录了技艺超群的速通高手与才华横溢的建筑师们。（读者朋友们，你不妨一睹下方我那些气势磅礴的《我的世界》建筑杰作！）

除此之外，书中还巧妙穿插了多个引人入胜的专题篇章。例如，对乐高游戏领域最为宏大的套装（见第 36~37 页）及玩家自创的修改版作品（见第 38~39 页）的精彩展示；一系列标志性电子游戏改编而成的电影作品，以及它们的票房佳绩与评论界反响的对比分析（第 68~69 页）；

我用 24 453 块积木，花了 20 小时复刻了英国萨默塞特郡的哥特式建筑杰作——巴斯修道院。

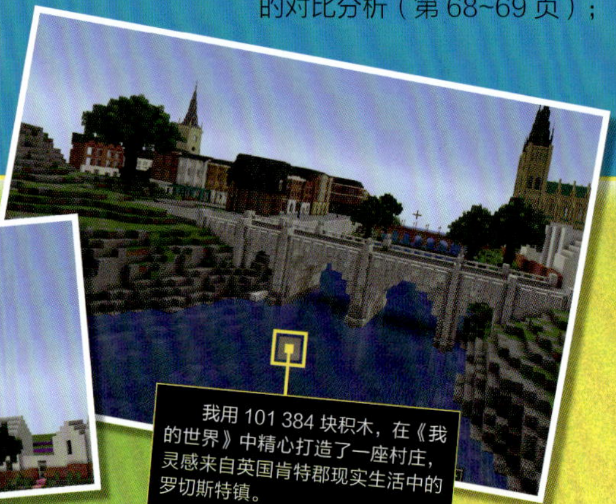

我用 101 384 块积木，在《我的世界》中精心打造了一座村庄，灵感来自英国肯特郡现实生活中的罗切斯特镇。

专 题

关键信息

发行年份：2016 年
开发商：Hello Games
发行商：Hello Games

从关键信息开始探索每项纪录： 了解每位纪录保持者的基本情况。

趣味知识： 带你了解游戏纪录背后的趣闻轶事，精彩不容错过！

惊人数字

4 483 253

截至2024年3月，《魔兽世界》在全球直播平台Twitch上每周平均观看时长高达 4 483 253 小时，彰显了这款游戏的持久魅力。

惊人数字： 透过最惊人的数据和事实解读纪录。

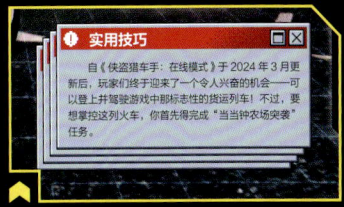

实用技巧

自《侠盗猎车手：在线模式》于2024年3月更新后，玩家们终于迎来了一个令人兴奋的机会——可以登上并驾驶游戏中那标志性的货运列车！不过，要想掌控这列火车，你首先得完成"当当钟农场突袭"任务。

实用技巧： 助你精进游戏，或许能帮助你成为一名纪录创造者！

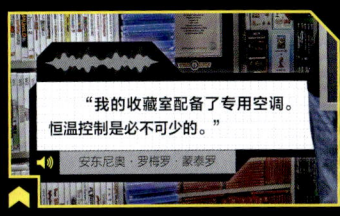

"我的收藏室配备了专用空调。恒温控制是必不可少的。"

安东尼奥·罗梅罗·蒙泰罗

精彩自述： 来自纪录保持者本人的精彩讲述。

对最受玩家喜爱的游戏配乐作品的特别盘点（第100~101页）。

挑战纪录 玩转游戏

我在吉尼斯世界纪录团队的工作是审核（很有可能批准）我们接收到的各类游戏相关申请。因此，我始终保持对新创意与纪录挑战的敏锐关注。正是基于这样的愿景，我们特别为16岁以下的玩家群体设立了专属的游戏纪录类别。我们希望更多人来挑战纪录。

在本书的"挑战纪录 玩转游戏"专题（第132~133页），你将发现一系列专为16岁以下青少年玩家量身定制的挑战项目。若你怀揣着在吉尼斯世界纪录书中镌刻自己名字的梦想，且自信拥有足够的实力与热情，那么这里就是最好的起点。

此外，在第8~9页，我们为你提供了详尽的官方申请提交指南，无论你是稚气未脱的少年，还是经验丰富的资深玩家（看看第94页上那些令人钦佩的最年长玩家吧），都能从中找到适合自己的申请路径。

在此，我满怀激动地揭晓首届《吉尼斯世界纪录·游戏玩家版》的各个奖项。经过我们团队的精心评选，我们已选出了过去一年中备受喜爱的游戏作品、配乐佳作、杰出开发者以及主播，以此庆祝他们在游戏领域的卓越成绩。请留意第16~17页的获奖榜单，并与第14~15页的获奖盛况概览相互对照，看其有何异同吧！

最后，我们衷心希望，你能享受阅读百强游戏纪录带来的乐趣，正如我们享受编辑这些纪录的乐趣一样。或许，正是这些纪录中的某个瞬间或某个想法，将激发你内心的潜能，让你相信自己同样有能力打破一项纪录，并有可能被收录到下一版书中。加油！

游戏纪录经理
托马斯·马歇尔

如何跻身纪录创造者之列

无论你是快速通关的佼佼者、电竞领域的顶尖选手、藏品丰富的忠实收藏家，还是满怀热情的新晋玩家，只要心怀梦想，你总有机会获得一项吉尼斯世界纪录称号。下面，我们将引领你深入了解官方申请流程的全貌。

若你渴望一试身手，请阅读此篇，以获取更多关于注册与申请的详尽信息。一旦申请成功，一张镶框的证书将令你成为亲朋好友羡慕的焦点！

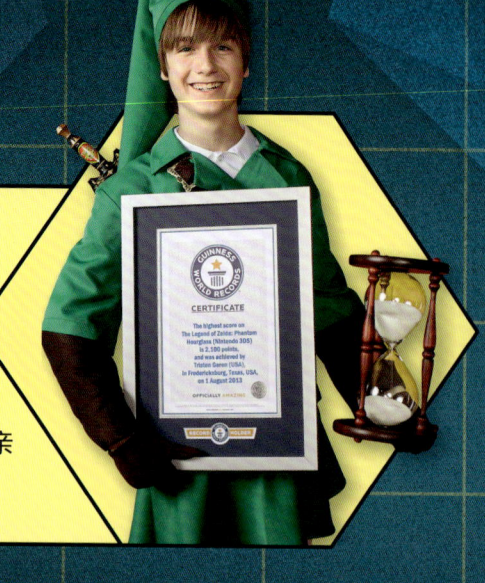

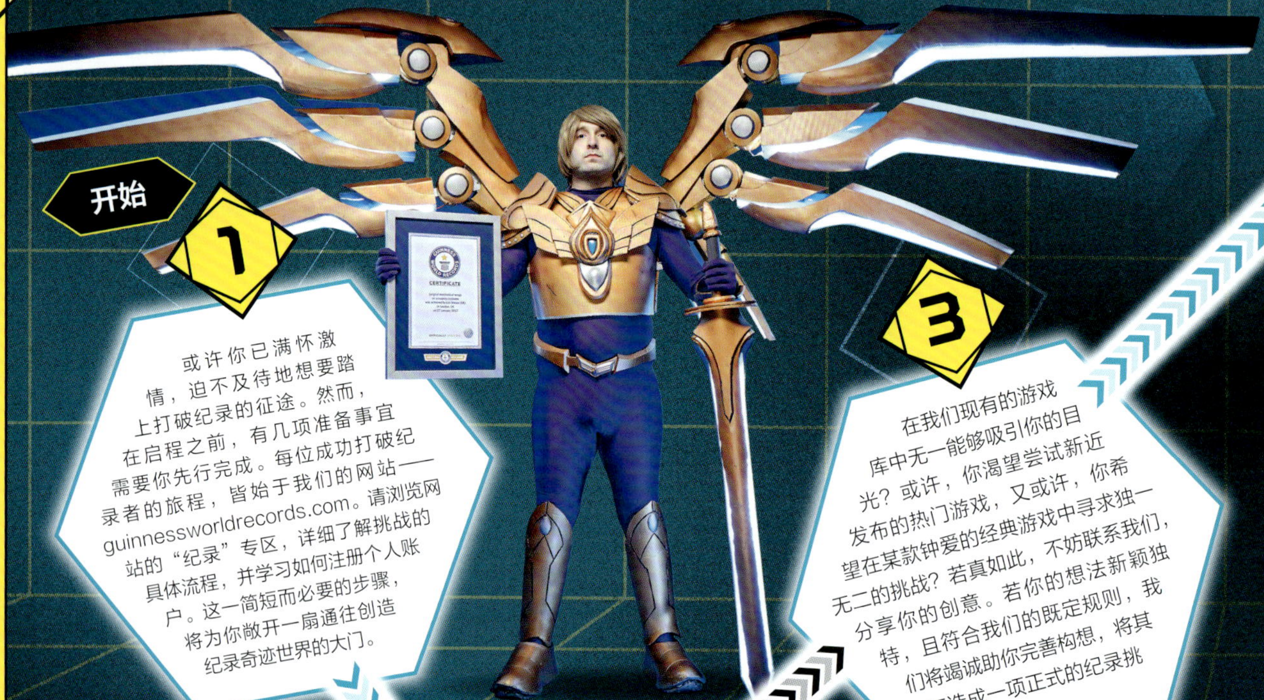

开始

1

或许你已满怀激情，迫不及待地想要踏上打破纪录的征途。然而，在启程之前，有几项准备事宜需要你先行完成。每位成功打破纪录者的旅程，皆始于我们的网站——guinnessworldrecords.com。请浏览网站的“纪录”专区，详细了解挑战的具体流程，并学习如何注册个人账户。这一简短而必要的步骤，将为你敞开一扇通往创造纪录奇迹世界的大门。

2

好好翻阅一下《吉尼斯世界纪录大全 2025 游戏玩家版》（我们深信，这已成为你每日的必做之事！）。此书将为你激发众多挑战世界纪录的灵感，同样，我们的官方网站亦是灵感涌现之地。当你与我们取得联系时，请明确告知你有意尝试的具体纪录，我们将及时为你寄送相关的详细指南。特别值得一提的是，我们为16岁以下的玩家精心策划了两页专属纪录，请翻阅第132~133页以获取详情。

3

在我们现有的游戏库中无一能够吸引你的目光？或许，你渴望尝试新近发布的热门游戏，又或许，你希望在某款钟爱的经典游戏中寻求独一无二的挑战？若真如此，不妨联系我们，分享你的创意。若你的想法新颖独特，且符合我们的既定规则，我们将竭诚助你完善构想，将其打造成一项正式的纪录挑战！

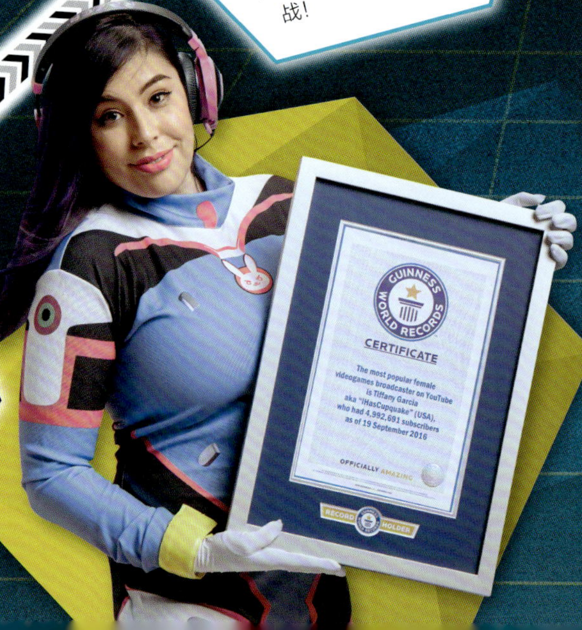

4 参与吉尼斯世界纪录的挑战，如同参与一场激烈的体育竞技——你需要刻苦训练，反复磨砺，以确保在决胜日达到最佳状态。所以，请牢记：练习，练习，再练习！充分的准备始终是成功的关键。试想，那奖项正向你招手，而一旦挑战成功，你将感到何等自豪！

5 当你确信自己的游戏技艺已臻化境，便可向纪录发起冲击！但首先务必确保万事俱备，以符合吉尼斯世界纪录所规定的各项准则与要求，没人希望之前的努力付诸东流！这包括必要的见证人、照片或视频证据，以及为有效申报所规定的其他任何支撑材料。为此，不妨准备一份清单，以备不时之需。

6 最后，请你将所有相关证据邮寄至我方。我方将仔细审核每一份材料，确保其完全符合吉尼斯世界纪录规则的各项要求。倘若你能够严格遵守规则并成功打破纪录，那么恭喜你！你将收到一份正式的电子邮件确认函，以及一份具有权威认证的吉尼斯世界纪录证书（让我们共同为此鼓掌！！！）。自此，你已正式跻身于"非凡之人"的行列！衷心欢迎你加入吉尼斯世界纪录大家庭！

结束

游戏年度回顾

第一部分

从巨额企业并购到标志性预告片的震撼发布,过去一年里,游戏界可谓风起云涌、精彩纷呈。然而,这仅仅是故事的一半,翻过这一部分,继续深入探索第二部分的精彩内容。

微软如愿以偿

美国旧金山的一位法官驳回了联邦贸易委员会(FTC)针对微软以690亿美元(550亿英镑)收购《使命召唤》开发商动视暴雪的初步禁令请求。法官杰奎琳·斯科特·科利的裁决为科技史上规模最大的并购案扫清了障碍(详见第56页)。

这一戏剧性的裁决是在为期4天,披露了大量行业内幕的庭审后作出的。

《博德之门3》大放异彩

这款史诗级的剧情驱动的角色扮演游戏,专注于忠实还原《龙与地下城》桌面角色扮演,销量突破1000万,并在各大颁奖典礼上横扫年度游戏大奖(详见第14~15页)。《博德之门3》凭借其复杂的剧情和出色的角色阵容——包括吸血鬼盗贼阿斯代伦和提夫林野蛮人卡拉克——赢得了玩家和评论家的一致好评。

马蒂内告别马力欧配音生涯

任天堂证实,自1991年起为马力欧及众多其他角色配音的演员查尔斯·马蒂内(美国,详见本书第170页),将"退出游戏角色的配音工作"。如今,马蒂内担任"马力欧"大使。

Switch平台独占游戏《超级马力欧兄弟:惊奇》标志着配音演员凯文·阿法尼(美国)首次为马力欧、路易吉以及瓦力欧献声。

《星空》横空出世,一鸣惊人

几经延迟,贝塞斯达(Bethesda)终于在PC和Xbox平台推出《星空》这款由《辐射》和《上古卷轴》团队打造的又一力作。《星空》还迅速登陆Game Pass订阅服务。

游戏的发布规模盛大,超过1200万的玩家数量使其进入Xbox工作室玩家数量最多的游戏前十。

绿茵新纪 群雄逐鹿

EA Sports FC 24 的发布，标志着 EA 结束与国际足联三十载的授权合作伙伴关系以来的第一款主线足球游戏面世。这款游戏汇聚了逾 19 000 名球员、700 余支球队，以及数十个国家级联赛的赛事，包括英格兰超级联赛与女子超级联赛、美国职业足球大联盟与女子职业足球联赛、西班牙足球甲级联赛。

蜘蛛侠、马力欧、索尼克同台竞技

2023 年 10 月 20 日（星期五），对全球游戏玩家来说是一个激动人心的日子。两款重量级游戏巨作——《漫威蜘蛛侠 2》（失眠组，参见第 21 页）与《超级马力欧兄弟：惊奇》（任天堂，详见第 169 页）在这一天同时问世。

然而，在这场游戏界的盛宴之中，我们亦不禁对另一款提前三日面世的佳作《索尼克：超级巨星》报以深切的同情与惋惜。世嘉公司不得不坦然承认，面对这两大游戏角色的联合力量，《索尼克：超级巨星》的销量确实遭受了不小的冲击。

PlayStation Portal 开启新世界之门

索尼再次引领游戏界潮流，推出了 PlayStation Portal——这款为 PS5 量身打造的掌上游戏配件，使用 Remote Play 技术通过 Wi-Fi 将 PS5 的游戏体验无缝延伸到掌上设备。虽然它并非某些玩家期待已久的 PS Vita 2，但为 PlayStation 的未来发展指明了方向。

真人版《塞尔达传说》蓄势待发

经过多年的猜测和期待，任天堂与索尼影业宣布真人版《塞尔达传说》电影即将问世！

这部影视巨制汇聚了两位重量级大师的才华与智慧。一位是任天堂的宫本茂，他塑造了马力欧、塞尔达、咚奇刚等经典角色（详见第 174 页）；另一位则是电影界的阿维·阿拉德，漫威影业的创始人及前首席执行官。

《侠盗猎车手》热度不减

摇滚之星（Rockstar Games）发布了 2025 年度最令玩家们翘首以盼的游戏《侠盗猎车手 6》的首部预告片。这段预告片不仅展示了双主角露西亚和杰森（左图），还呈现了阳光明媚的游戏场景，其灵感来自佛罗里达州的迈阿密。

此预告片一经发布，一举打破了观看纪录（详见第 92 页）。游戏界的分析师们纷纷断言《侠盗猎车手 6》极有可能成为有史以来最火爆的游戏大作。

E3 展会谢幕

在经历了 29 年的辉煌之后，娱乐软件协会（ESA）正式对外宣布，将终止这一长期以来深受业界和玩家喜爱的大型电子游戏盛会——E3 展会。

回溯至 1995 年，首届 E3 展会以其独特的魅力，成为索尼公司盛大宣布 PlayStation 游戏机登场的舞台。然而，新冠肺炎疫情的冲击迫使 E3 展会在 2020 年暂停举办，并在 2021 年转为线上活动，随后 2022 年与 2023 年的 E3 展会更是被无奈取消。

游戏年度回顾

第二部分

承接上一部分的精彩纷呈,我们继续为你揭开游戏界的重重面纱:一款让无数玩家期待已久的经典游戏的通关;一位漫画界的泰斗级人物悄然谢幕;还有一款新秀游戏一鸣惊人。

《俄罗斯方块》终遇克星

13 岁的威利斯·吉布森,一举成为首位通关 NES 版《俄罗斯方块》的玩家,成功触发了这款经典游戏的终结画面(详见第 83 页)。吉布森绰号为蓝色巨星,他在挑战这款问世 35 载的游戏传奇时,不仅将其逼入死角,更是一举刷新了总行数、达到关卡数和总得分三项世界纪录。在此之前,只有人工智能曾击败过《俄罗斯方块》。游戏开发者们做梦也没有想到人类也能完成这一壮举!

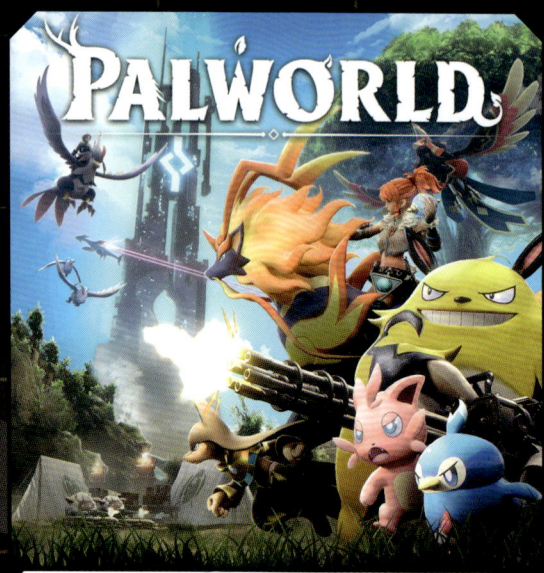

"带枪的宝可梦"?

2021 年,《幻兽帕鲁》的宣传片一经推出,这款游戏注定会在游戏界掀起一阵旋风便是显而易见的。然而,它的成功程度之高,甚至让开发商 Pocket Pair 都始料未及,可谓一鸣惊人。

虽然游戏初期大量玩家蜂拥而至导致服务器一度不堪重负,但《幻兽帕鲁》依然迅速登顶 Steam "同时在线游玩人数"排行榜的榜首(详见第 95 页)。

眼见为实:科幻照进现实

苹果公司推出的苹果视界以 3 499 美元(2 757 英镑)的价格在美国发售。这款混合实境头戴设备让人可以像汤姆·克鲁斯在科幻大片《少数派报告》(美国,2002 年)中一样,通过悬浮在眼前的窗口来完成多重任务。自发布以来,用户就被看到佩戴苹果视界漫步于城市的街头,甚至在篮球赛场边享受身临其境的体验。

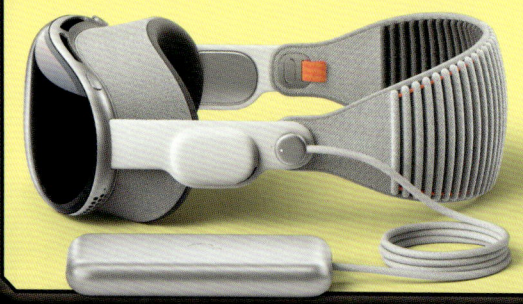

迪士尼与 Epic Games 的联手合作

迪士尼以 15 亿美元(11.78 亿英镑)的价格入股《堡垒之夜》的开发者 Epic Games,双方随即宣布了一项雄心勃勃的计划:共同开发一个生机勃勃的社交宇宙,与这款"大逃杀"游戏力作实现无缝对接。这一元宇宙扩展计划将让粉丝们梦想成真,有机会与来自迪士尼、皮克斯、漫威和星球大战等游戏中耳熟能详的角色竞技、观战,甚至还能购物(详情见第 162~163 页)。

《地狱潜者2》火爆来袭

《地狱潜者2》上线 PC 和 PS5 平台，一经推出便迅速成为玩家们热议的焦点。由箭头游戏工作室精心打造的这款充满混乱与合作乐趣的射击游戏，其灵感源自经典科幻电影《星河战队》（美国，1997 年）。在游戏中，玩家将化身为勇敢的地狱潜者，空降至外星战场，与凶猛的虫族和强大的机器人展开殊死搏斗。《地狱潜者2》迅速攀升至 Steam 平台玩家数量最多游戏榜单的顶端，并轻松成为索尼史上最大型的 PC 游戏发布。

漫画界巨星陨落

日本漫画界的一代宗师、《龙珠》系列的缔造者——鸟山明先生，驾鹤西去，享年 68 岁。他曾为《勇者斗恶龙》《时空之轮》和《蓝龙》等多款脍炙人口的电子游戏设计角色。根据其同名漫画系列改编的游戏《沙漠大冒险》已于 2024 年 4 月 25 日重磅推出。

《星露谷物语》掀起全民"种田"热潮

《星露谷物语》的开发者埃里克·巴隆，也就是大家熟知的 ConcernedApe，为这款风靡全球的农场生活模拟游戏 PC 版推出了期待已久的 1.6 版本更新。这次更新一经推出，立刻在 Steam 平台上引发了一股"种田"狂潮，大量玩家如潮水般涌入，同时在线人数突破 13 万。

这次更新可谓是诚意满满，为玩家们带来了不少令人眼前一亮的新内容。其中最引人注目的莫过于一项新功能——玩家竟然可以畅饮蛋黄酱了！

终于等到了……

在《龙之信条》游戏发布约 12 年后，卡普空终于推出了备受期待的《龙之信条2》。事实证明，这漫长的等待是值得的。这款宏大的奇幻角色扮演游戏一经面世，便在短短 11 天内狂销 250 万份。玩家们借助强大的角色创建工具，纷纷重塑《权力的游戏》《沙丘：第二部》（美国，2024 年）和漫威电影宇宙中的知名面孔。

获奖盛况概览

在风云际会的2023—2024年度游戏界，《博德之门3》横扫各大奖项。这款游戏不仅摘得了至少6项年度最佳游戏的桂冠，更在其他诸多奖项中收获颇丰。与此同时，其他游戏佳作也在各大含金量十足的颁奖盛典上各展所长。以下是我们在2024年精选的几大重量级奖项获奖名单。

 第41届 年度金摇杆奖

金摇杆奖
2023年11月10日，英国伦敦

奖项	获奖者
年度终极游戏	《博德之门3》（拉瑞安工作室）
最佳叙事奖	《博德之门3》
最佳多人游戏	《真人快打1》（华纳兄弟游戏）
最佳视觉设计	《博德之门3》
最佳游戏扩展包	《赛博朋克2077：往日之影》（CD Projekt Red）
最佳音效	《最终幻想16》（史克威尔·艾尼克斯）
最佳独立游戏	《星之海》（Sabotage工作室）
最佳虚拟现实（VR）游戏	《地平线：山之召唤》（游骑兵/火精灵）
最佳流媒体游戏	《无畏契约》（拳头游戏）
最佳持续游玩奖	《无人深空》（Hello Games）
最佳游戏社区	《博德之门3》
年度工作室	拉瑞安工作室
最佳主演	本·斯塔尔饰克莱夫·罗斯菲尔德（《最终幻想16》）
最佳配角	尼尔·纽本饰阿斯代伦（《博德之门3》）
最具突破奖	《茧》（几何互动公司）
年度PC游戏	《博德之门3》
最佳游戏硬件	PlayStation VR2
PlayStation年度游戏	《生化危机4》（卡普空）
Xbox年度游戏	《星空》（贝塞斯达）
任天堂年度游戏	《塞尔达传说：王国之泪》（任天堂）
最佳游戏预告	《赛博朋克2077：往日之影》
最受期待奖	《最终幻想7：重生》（史克威尔·艾尼克斯）
评审选择奖	《心灵杀手2》（绿美迪娱乐）

游戏大奖
2023年12月7日，美国加利福尼亚州洛杉矶

奖项	获奖者
年度游戏	《博德之门3》
最佳游戏指导	《心灵杀手2》
最佳叙事	《心灵杀手2》
最佳艺术指导	《心灵杀手2》
最佳配乐	《最终幻想16》（祖坚正庆）
最佳音效设计	《完美音浪》（探戈游戏工作室）
最佳演出	尼尔·纽本饰阿斯代伦（《博德之门3》）
最佳独立游戏	《星之海》
最佳运营游戏	《赛博朋克2077》（CD Projekt Red）
最佳移动游戏	《崩坏：星穹铁道》（米哈游）
最佳电子竞技游戏	《无畏契约》
最佳电子竞技运动员	李相赫（Faker，T1战队）
最佳电子竞技战队	京东电竞（《英雄联盟》）

英国电影和电视艺术学院（BAFTA）游戏奖
2024年4月11日，英国伦敦

奖项	获奖者
最佳游戏	《博德之门3》
电信运营商（EE）玩家评选奖	《博德之门3》
最佳音乐	《博德之门3》
最佳叙事	《博德之门3》
最佳英国游戏	《视界探寻者》（悲伤猫头鹰工作室）
最佳动画	《完美音浪》
最佳艺术成就	《心灵杀手2》
最佳游戏设计	《潜水员戴夫》（Mintrocket工作室）
最佳音频成就	《心灵杀手2》
最佳多人游戏	《超级马力欧兄弟：惊奇》（任天堂）
最佳家庭游戏	《超级马力欧兄弟：惊奇》

2023年度 Steam奖

Steam 大奖
2024 年 1 月 2 日，由 Steam 用户投票

奖项	获奖者
年度游戏	《博德之门 3》
年度虚拟现实游戏	《迷宫》（Valko 游戏工作室）
爱的付出奖	《荒野大镖客：救赎 2》（摇滚之星）
最佳多人同乐游戏	《致命公司》（Zeekerss）
杰出视觉风格奖	《原子之心》（Mundfish）
最具创新玩法奖	《星空》
纵使手残仍大爱奖	《师父》（Sloclap）
最佳原声音轨	《最后的生还者：第一部》（顽皮狗工作室）
杰出剧情奖	《博德之门 3》
最佳休闲游戏	《潜水员戴夫》
最佳 Steam 平台游戏	《霍格沃茨之遗》（艾薇岚奇软件）

游戏开发者选择奖

游戏开发者选择奖
2024 年 3 月 20 日，美国加利福尼亚州旧金山

奖项	获奖者
年度游戏	《博德之门 3》
最佳音效	《完美音浪》
最佳处女作	《薇妮巴一家》（Visai Games）
最佳设计	《博德之门 3》
创新奖	《塞尔达传说：王国之泪》
最佳叙事	《博德之门 3》
最佳技术	《塞尔达传说：王国之泪》
最佳视觉艺术	《心灵杀手 2》
观众奖	《博德之门 3》
终身成就奖	下村阳子（作曲家，为《王国之心》系列和《最终幻想15》等多部作品作曲）

D.I.C.E. 大奖
第二十七届年度奖项
2024 年 2 月 15 日，美国内华达州拉斯维加斯

奖项	获奖者
年度游戏	《博德之门 3》
年度最佳在线游戏	《暗黑破坏神 4》（暴雪）
年度最佳手机游戏	《奇葩赛车》（Triband）
独立游戏奖	《茧》（几何互动公司）
沉浸式现实游戏奖	《阿斯加德之怒 2》（Sanzaru Games）
游戏指导奖	《博德之门 3》
游戏设计奖	《博德之门 3》
最佳动画奖	《漫威蜘蛛侠 2》（失眠组）
艺术指导奖	《心灵杀手 2》
最佳角色奖	迈尔斯·莫拉莱斯（《漫威蜘蛛侠 2》）
原创音乐奖	《漫威蜘蛛侠 2》

独立游戏节奖项
2024 年 3 月 20 日，美国加利福尼亚州旧金山

奖项	获奖者
谢默斯·麦克纳利大奖	《薇妮巴一家》
视觉艺术卓越奖	《喇叭之城》（Amanita Design）
音效卓越奖	《节奏医生》（7th Beat Games）
设计卓越奖	《地牢大师》（保罗·哈特，李·威廉姆斯，Akupama Games）
叙事卓越奖	《地中海地狱》（Eygueys, Lorenzo Redaelli）
新秀奖	《杀手故事集》（Thecatamites, Tommy Tone, A. Degen）
最佳学生游戏	《小丑奇遇记》（Bonte Avond）
观众评选奖	《夺魄机兵》（Xylem 工作室）
新概念游戏奖	《除魔》（The Chú Mó Team@ArtCenter）

吉尼斯世界纪录游戏大奖

我们荣幸地举办首届吉尼斯世界纪录游戏玩家版奖项颁奖典礼,旨在庆祝游戏界那些卓越的表现和非凡的成就。经过游戏总部团队的严格选拔与精心评审,以下入围决赛的名单终于揭晓。

最佳多人游戏
《街头霸王6》
- 《致命公司》
- 《堡垒之夜》
- 《超级马力欧兄弟:惊奇》
- 《最终决战》

最佳单机游戏
《博德之门3》
- 《塞尔达传说:王国之泪》
- 《漫威蜘蛛侠2》
- 《心灵杀手2》
- 《生化危机4》

最佳叙事
《博德之门3》
- 《心灵杀手2》
- 《赛博朋克2077:往日之影》
- 《最终幻想16》
- 《漫威蜘蛛侠2》

最佳音乐
《最终幻想16》
- 《博德之门3》
- 《完美音浪》
- 《赛博朋克2077:往日之影》
- 《心灵杀手2》

无障碍游戏设计奖
《漫威蜘蛛侠2》
- 《街头霸王6》
- 《极限竞速:地平线5》
- 《完美音浪》
- 《真人快打1》

年度最佳游戏角色
阿斯代伦(《博德之门3》)
- 影心(《博德之门3》)
- 卡拉克(《博德之门3》)
- 迈尔斯·莫拉莱斯(《漫威蜘蛛侠2》)
- 洛拉斯(《暗黑破坏神4》)

年度最佳主播
Valkyrae
- grumpygran1948
- Shroud
- MoistCr1TiKaL
- Pokimane

年度最佳游戏工作室
拉瑞安工作室
- 任天堂
- 失眠组
- 卡普空
- 绿美迪娱乐

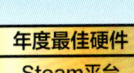

年度最佳硬件
Steam平台
- 任天堂 Switch
- Xbox Series S
- Xbox Series X
- PlayStation 5

年度最佳游戏
《博德之门3》
- 《街头霸王6》
- 《塞尔达传说：王国之泪》
- 《漫威蜘蛛侠2》
- 《超级马力欧兄弟：惊奇》

100 首只获得极速挑战纪录的狗狗

花生酱

关键信息

名称：花生酱，别名PB
出生年月：2020年7月
品种：柴犬

长久以来，认为狗狗能够保持一项速通纪录的念头，一直被视为异想天开。然而，这只年仅4岁的柴犬所取得的成就，却促使游戏界对这一观念进行反思。在其主人——速通玩家JSR_的精心训练与指导下，名为花生酱的柴犬于2024年1月以惊人的23分9秒的成绩，成功通关了任天堂公司于1985年推出的经典益智平台游戏《旋转木头人》。

JSR_ 在向吉尼斯世界纪录组织申报时自豪地表示："昨晚，PB（即花生酱）以近乎无瑕的表现，再次刷新了自己先前的纪录。"值得一提的是，这一壮举还为其慈善事业筹集了善款。真是一只既聪慧又富有爱心的优秀狗狗！

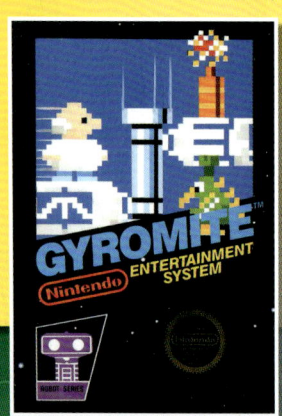

趣味知识

《旋转木头人》的设计精妙之处在于，玩家需通过指挥一个名为ROB的机器人配件，来精准地按下控制器上的相应按钮，以此推动游戏进程。在PB参与的这场别开生面的狗狗速通挑战中，它担当起了这一关键角色，以其灵活的爪子按压着主人精心制作的巨型定制按钮。而驱动PB持续展现出如此卓越表现的动力源泉，竟是它极为喜爱的零食——奶酪串。

最高的游戏角色扮演服装

托马斯·德佩特里洛的莱因哈特

关键信息
- 名称：莱因哈特
- 创造者：托马斯·德佩特里洛
- 首演：2016年10月7日

99

倘若你觉得《守望先锋》中威风凛凛地漫步的德国骑士——莱因哈特展现出非凡的威严之感，那么不妨试想，他在现实世界里将如何令人震撼！在2016年10月于纽约举行的动漫展览会上，一位名为托马斯·德佩特里洛的角色扮演者，身着高达8英尺4英寸（2.56米）且能够全副活动的莱因哈特盔甲，傲然矗立于展台之上，目视着在场的观众。"我一直被莱因哈特吸引，因为他看起来实在是太酷了。"托马斯如此说道。而他正是极限服装公司的老板（见下图）。

《守望先锋》中装甲加身、持有火箭锤的"坦克"莱因哈特

惊人数字

85

服装重量：85磅（38.5千克）。托马斯为这套装备配备了长达45英尺（13.7米）的灯光装置。穿戴此装备大约需要10~12分钟的时间。

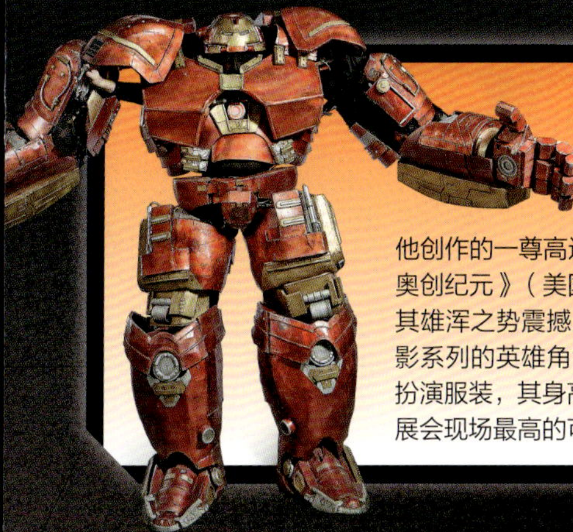

托马斯的角色扮演助手齐马（又名Quin Mae）

非凡杰作

在纽约动漫展的璀璨舞台上，托马斯（右侧展示者）所呈现的创作远不止莱因哈特这一杰作。左图是他创作的一尊高达8英尺（2.43米）的《复仇者联盟：奥创纪元》（美国，2015年）中的破坏者浩克的雕像，其雄浑之势震撼人心。而右侧则是源自《变形金刚》电影系列的英雄角色——汽车人大黄蜂的巨型可移动角色扮演服装，其身高达到了9英尺6英寸（2.89米），是展会现场最高的可移动装扮。

98 获得LEC赛事冠军最多

关键信息

所属战队：G2 Esports
出生日期：1999年11月17日
国籍：丹麦

拉斯穆斯·温特
（玩家ID：Caps）

2013年，全球知名电子游戏《英雄联盟》的发行商拳头游戏公司精心策划并成功举办了一场备受瞩目的电子竞技盛事——《英雄联盟》欧洲、中东及非洲锦标赛（LEC）。该锦标赛起初仅限于欧洲地区，但自2023年起，其规模与影响力显著扩大，正式纳入中东与非洲赛区。往年的LEC赛事仅设有春季赛和夏季赛，而在2023年，赛事主办方新增了冬季赛。

截至2024年4月17日，丹麦选手Caps凭借其卓越的竞技实力，已12次荣膺LEC冠军，成为该赛事历史上当之无愧的大赢家。同时，他所效力的G2战队也硕果累累，共计14次强势夺冠，是紧随其后的Fnatic战队的2倍，成为LEC赛事上夺冠次数最多的战队。

惊人数字

1

2019年，G2战队在英雄联盟季中邀请赛（MSI）中脱颖而出，勇夺冠军，成为唯一一支获得该赛事冠军的非亚洲战队。截至2024年4月，其他4支冠军队伍均为亚洲战队。

G2战队庆祝2024 LEC夺冠场景

"很荣幸成为夺冠王，我会带着这份荣誉继续前行。"

Caps 畅谈未来计划

Caps先前曾效力于Fnatic战队

《蜘蛛侠》系列：最受好评的游戏排名

1	《漫威蜘蛛侠2》（2023）	90分
=2	《漫威蜘蛛侠》（2018）	87分
=2	《漫威蜘蛛侠重制版》（2022）	87分
=2	《蜘蛛侠》（2000）	87分
=5	《漫威蜘蛛侠：迈尔斯·莫拉莱斯》（2020）	85分
=5	《蜘蛛侠：全面混乱》（2010）	85分

数据来源：Metacritic平台，截至2024年4月24日。

关键信息
发行年份：2023年
开发商：失眠组
发行商：索尼互动娱乐

惊人数字

14

在此款游戏中，玩家得以畅游纽约市的14个街区。游戏最初以曼哈顿区作为设计的蓝本，随后又巧妙融入了皇后区与布鲁克林区。

最畅销的 PS5 独占游戏

《漫威蜘蛛侠2》

在纽约市上空飞檐走壁，蜘蛛侠以其超凡脱俗的身手尽显英雄本色。《漫威蜘蛛侠2》（2023年）与《漫威蜘蛛侠》（2018年）这两部匠心之作，共同为这位身手矫健的蜘蛛侠的传奇冒险带来了一场无与伦比的双重盛宴。这两款游戏如今已成为PS4（详见第32页）及PS5平台上最畅销的独占游戏佳作。

2023年10月20日，《漫威蜘蛛侠2》上市，首日销量便高达250万份，这一数字在第11天实现了翻倍。截至2024年2月14日，索尼公司宣布该游戏的全球销量已突破1000万份。而作为原版游戏的精彩延续，《蜘蛛侠：迈尔斯·莫拉莱斯》（2020年）为这一系列游戏贡献了数百万份的销量。

96 Twitch平台上观看次数最多的游戏

《英雄联盟》

截至 2023 年 11 月 21 日，由拳头游戏公司精心打造的这款风靡全球的多人在线战术竞技游戏，在最热门的游戏直播服务平台 Twitch 上的累计观看次数已攀升至惊人的 654.1 亿次，堪称该平台上的无冕之王。2023 年的全球总决赛更是吸引了数百万粉丝围观。这场为期五周的巅峰对决，汇聚了 22 支顶尖战队，最终由韩国的 T1 战队力压群雄，摘得桂冠，斩获 44.5 万美元（35.7 万英镑）的丰厚奖金（详见第 114~115 页）。

惊人数字

40

2009 年，《英雄联盟》首次推出时，玩家可操控的英雄仅有 40 位。如今，这一数字已增至 168，每位英雄都拥有独特的技能设定。

关键信息
发行年份：2009年
开发商：拳头游戏
发行商：拳头游戏

Twitch平台上单场游戏直播同时观看人数最多的游戏

2022 年 11 月 6 日，在万众瞩目的全球总决赛中，《英雄联盟》以惊人的 311 万同时在线观众数创造了 Twitch 平台的新纪元，再次证明了其无可撼动的王者地位。这一数值高峰堪称 Twitch 平台单场直播观看人数之最。这一纪录如此之高，唯有少数盛事，如伊拜·诺斯（Ibai Llanos，右图）倾力打造的第三届"年度之夜"，才使之略逊一筹。欲了解更多详情及精彩对比，请翻阅第 89 页。

一年内获金摇杆奖次数最多的游戏

95

《博德之门3》

自1983年以来，金摇杆奖每年在英国如约举行。在这段跨越四十载的游戏盛会历程中，拉瑞安工作室精心打造的《博德之门3》，在2023年于一夜之间摘下七项桂冠，这款以《龙与地下城》奇幻世界为背景，续写《博德之门》系列传奇的第三部巨作，成为2023年游戏界最耀眼的明珠。

获金摇杆奖次数最多的游戏

《巫师3：狂猎》（CD Projekt RED，2015年）是金摇杆奖历史上获奖最多的游戏，在2013—2016年间共斩获11项殊荣。这款游戏两度摘得"最受期待游戏"桂冠，更在2015年横扫五大主要奖项。2016年，其终章扩展包《血与酒》再添四项大奖。

关键信息

发行年份：2023年
开发商：拉瑞安工作室
发行商：拉瑞安工作室

实用技巧

可曾想过与费伦大陆上的野生动物谈天说地？只需施展那神奇的"与动物对话"咒语，你便能与那些友善的动物谈笑风生。你不仅能从中获益良多，还能发现无尽的趣味与惊喜！

94 最畅销的大型多人在线游戏

《魔兽世界》

暴雪公司匠心打造的独树一帜的大型多人在线角色扮演游戏（MMORPG）《魔兽世界》，于2024年11月迎来二十华诞。二十载春秋，《魔兽世界》目睹了无数竞争对手的昙花一现，这款游戏创下了总计超过4 060万份的销售纪录，其中包括各种令人目不暇接的扩展包。这一惊人数据涵盖了2020年推出的《暗影国度》，然而最新力作《巨龙时代》（2022年，见下图）的销量尚未揭晓。

关键信息
发行年份：2004
开发商：暴雪娱乐
发行商：暴雪娱乐

《魔兽世界》单次游玩的最长时间纪录

匈牙利玩家巴纳巴斯·武伊提-佐尔奈凭借在艾泽拉斯荒原上征战10余年的丰富经验，创造了一项令人惊叹的纪录。在布达佩斯的家中，他连续在《魔兽世界》中鏖战长达59小时20分12秒，最终于2022年9月28日完成了这一挑战。

趣味知识

《魔兽》（2016年）这部游戏改编的大银幕巨制，以438 899 824美元（3.458亿英镑）的全球票房成绩，登上了游戏改编电影票房冠军的宝座，并稳坐7年之久。直到2023年，一位水管工和他的冒险故事在《超级马力欧兄弟大电影》（2023年）中强势登场，才终于将兽人和巨魔们从票房宝座上击退。

想了解更多关于游戏改编电影如何赢得观众青睐的内容，请翻阅第68~69页。

《刺猬索尼克2》最快通关纪录

2023年9月25日，速通玩家eandis在1992年经典游戏《刺猬索尼克》续集中创造了新的纪录。在此次竞速角逐中，eandis与JoeyBaby69展开了一场扣人心弦的追逐战，两位高手你追我赶，互不相让。最终，eandis以超凡的技巧突破了13分钟的上限，将纪录刷新至12分43秒。尽管这款游戏已经问世30多年，但这只"老刺猬"依然魅力不减。

关键信息
连载年份：1993—2016年
出版商：阿奇漫画公司
出版期数：290期

连载时间最长的游戏改编漫画角色

《刺猬索尼克》

自1992年11月以来，这位"蓝色幻影"索尼克便以漫画形式出现在大众视野中，当时它首次亮相于美国阿奇漫画公司出版的四部迷你系列漫画中。随后，1993年7月，《刺猬索尼克》正式推出，并连载了290期，直到2016年12月停刊。尽管这一经典系列已停刊，但另一家美国公司IDW出版公司获得了其版权，自2018年4月4日起每月出版同名漫画，延续了索尼克的传奇。艺术家泰森·赫西不仅参与了两版漫画的创作，还为游戏《索尼克：狂欢》（2017年）和《索尼克：起源》（2022年）制作了精美的过场动画，并在大银幕上赋予我们最喜爱的蓝刺猬全新的形象（详见第68~69页）。

实用技巧

2008年8月9日，首届"索尼克之夏"粉丝盛会在伦敦拉开帷幕，成为游戏史上**首个聚焦单一游戏角色的官方粉丝活动**。该活动吸引了众多以索尼克为灵感进行创作的艺术家、音乐人和cosplay爱好者。随着2016年大会的成功举办，这一活动成为**电子游戏角色粉丝活动中历史最悠久的盛会**。

92 获得PS奖杯数量最多

伊藤健二

截至2024年4月12日，日本游戏达人伊藤健二（玩家ID：ikemenzi）在PlayStation平台上的战绩可谓非凡——他总共斩获了287 668个奖杯，平均每天收获73.73个。

ikemenzi同时保持着获得最多铜杯（139 410个）的纪录。此前，他曾经同时保持金杯、银杯和白金杯的最高纪录，但这些桂冠如今已被加拿大玩家dav1d_123以81 174个金银杯和10 123个白金杯的惊人成绩夺走。

PS奖杯排行榜

- ikemenzi（日本）
  🏆 287 668个
- dav1d_123（加拿大）
  🏆 264 823个
- caro3c-gabber9（法国）
  🏆 253 725个
- tusman（瑞士）
  🏆 248 543个
- MarCCeoN（奥地利）
  🏆 245 454个

数据来源：PSNProfiles.com网站，截至2024年4月23日。

⚠ 实用技巧

PlayStation玩家都清楚，有些白金奖杯比其他奖杯更容易获取。其中一条捷径就是通关《海绵宝宝：争霸比基尼海滩·重新灌水版》（Purple Lamp Studios，2020年）。这款游戏只需花上大约15个小时即可通关，而且玩起来相当有趣！游戏共设33个奖杯。

关键信息

玩家ID：ikemenzi
所玩游戏数：18 513款
世界排名：第3名

惊人数字

18 513

ikemenzi的PlayStation游戏生涯堪称丰富，他共涉猎了18 513款游戏。其中，他获得了723个"超稀有"的奖杯和2 039个"非常稀有"的奖杯。

最畅销的PC端策略游戏

《星际争霸》这款由暴雪公司于1998年推出的即时战略游戏，至今仍备受青睐，全球销量已突破1 100万。游戏中三个种族势均力敌、玩法复杂多样，不仅吸引了大批忠实的多人对战玩家，也使其成为电竞赛事中的常青项目。

收入最高的女性电竞选手 91

萨沙·霍斯汀

根据 Esports Earnings 网站的统计数据，截至2024年4月12日，加拿大电竞选手萨沙·霍斯汀（玩家ID：Scarlett）的奖金收入已达到 465 550 美元（371 025 英镑）。这些奖金几乎全部来自她在《星际争霸2：自由之翼》（暴雪公司，2010年）中的出色表现，尽管 Scarlett 也曾参与过《星际争霸：重制版》（暴雪公司，2017年）的比赛。她职业生涯中最大的一笔奖金——50 000 美元（35 848 英镑）——来自2018年赢得的英特尔极限大师赛（如插图所示），这是一项国际奥委会官方认可的《星际争霸2》衍生国际赛事。翻至本书第63页，可了解谁是收入最高的电竞选手。

关键信息

玩家ID：Scarlett
昵称：Queen of Blades
电竞战队：Shopify Rebellion

电竞红人

《纽约客》杂志曾盛赞 Scarlett 为"电竞界最成就斐然的女性"。《福布斯》将其列在"国际体育界最具影响力的女性"榜单第24位。这份殊荣不仅限于电子竞技领域，而是整个体育界的至高赞誉！面对如潮般涌来的名声与赞誉，Scarlett 却如清风拂面，淡然处之。她曾这样诠释自己对成功的理解："于我而言，成功不过是寻得内心的欢愉罢了。"

电竞界收入最高的女玩家

玩家	收入
萨沙·霍斯汀（加拿大，玩家ID：Scarlett）	465 550美元（371 025英镑）
李晓萌（中国，玩家ID：Liooon）	241 510美元（189 404英镑）
克谢尼娅·克鲁恩科娃（俄罗斯，玩家ID：vilga）	122 693美元（96 822英镑）
凯瑟琳·冈恩（美国，玩家ID：Mystik）	122 550美元（96 719英镑）
朱莉娅·基兰（瑞典，玩家ID：juliano）	96 304美元（76 018英镑）

数据来源：EsportsEarnings.com，截至2024年1月4日。

90 规模最大的残障人士电竞团队

永眩电竞

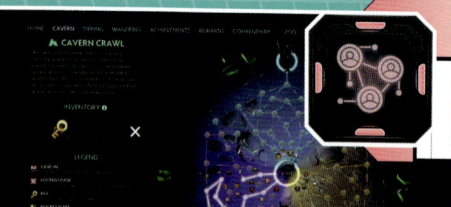

关键信息
成立时间：2019年
队员人数：37名
X账号：PermastunnedG

"《刀塔2》职业赛中，残障玩家参与度低，始终如一根刺，深深地扎在我的心头。"

亚历山大·内森，玩家ID：Cristal1337

　　2019年1月，荷兰主播亚历山大·内森萌生了一个想法：组建一支由残障人士组成的《刀塔2》战队。这个想法很快变为现实，短短数日之内，内森便招募到了4位志同道合的队友，共同踏上了这段不平凡的征程。

　　5年后，当初那支《刀塔2》战队已发展为一支拥有37名成员的电竞团队。这支名为永眩的战队还在《反恐精英：全球攻势》（维尔福，2012年）、《使命召唤》（Activision，2003年）和《铁拳》（Bandai Namco，1994年）等多元化的游戏赛事中崭露头角。永眩战队也积极为全球约4亿残障游戏玩家发声。

增长速度最快的非移动端游戏

89

《使命召唤：战争地带》

2020 年 3 月 10 日，动视公司推出免费"大逃杀"游戏《使命召唤：战争地带》，短短三天内便吸引了超过 1 500 万玩家。他们纷纷化身为游戏中的特种兵迫不及待地投身战场。《战争地带》以迅雷不及掩耳之势击败了众多竞争对手，当月下载量便突破了 5 000 万次，2021 年 4 月这一数字飙升至 1 亿次。

在新冠肺炎疫情期间，这款游戏成为无数玩家心目中的首选游戏。

手游版"大逃杀"

2024 年 3 月 21 日，动视倾力打造的《使命召唤：战争地带手游版》终于上线。这款免费第一人称射击手游，自两年前宣布开发以来就备受瞩目，上线前便吸引了超过 5 000 万玩家预约。游戏延续了深受粉丝喜爱的韦尔丹斯克地图。值得一提的是，手游版的"大逃杀"模式支持 120 名玩家同场竞技，比主机平台和 PC 版本的 100 人规模更加宏大。

惊人数字

17

2020 年 11 月 18 日，美国残障玩家洛基·斯托登堡（玩家 ID：RockyNoHands）创下了使用口控摇杆在《使命召唤：战争地带》单局获得 17 次击杀的最高纪录。

关键信息

发行年份：2020年
开发商：
Raven Software
Infinity Ward
发行商：动视

88 Steam平台同时在线玩家人数最多

《绝地求生》

2018年1月13日，史诗级"大逃杀"游戏《绝地求生》创下了同时在线玩家人数达325.7248万人的历史最高纪录。根据游戏数据追踪网站SteamDB的统计，自那以后，无论是《绝地求生》还是其他任何游戏，都未能在PC游戏平台上再达到这一高峰。此外，2018年9月9日，《绝地求生》再次创造了一个里程碑，成为Steam平台上首款连续一年保持100万名玩家同时在线的游戏。

趣味知识

- PlayerUnknown是爱尔兰人布伦丹·格林的游戏昵称，他是该游戏的创作者。
- 2021年，发行商Krafton决定将游戏名PlayerUnknown's Battlegrounds改为PUBG: Battlegrounds。
- 据信，游戏中广为人知的短语"大吉大利，晚上吃鸡"来源于20世纪30年代的赌徒。

惊人数字

2 279 084

2017年10月，《绝地求生》同时在线玩家人数达到了2 279 084人，成为Steam上首款同时在线玩家数突破200万的游戏。

关键信息
发行年份：2017年
开发商：PUBG Studios
发行商：Krafton

Steam游戏大潮，谁主沉浮？

Steam平台上，群雄逐鹿，好戏连台。《绝地求生》一骑绝尘，稳坐头把交椅。2024年2月，新秀《幻兽帕鲁》（Pocketpair，2023年，详见第66页和95页）同时在线玩家人数高达210万，一举夺得亚军。老牌第一人称射击游戏《反恐精英2》（维尔福，2023年，右上图）以180万的在线人数稳居第三。紧随其后的是动作角色扮演游戏《命运方舟》（世曼凯、Tripod Studio，2019年，下图）和多人在线战术竞技游戏《刀塔2》（维尔福，2013年，右图），二者的同时在线玩家人数分别为130万和120万。

另外一款同时在线玩家人数突破百万的游戏是《赛博朋克2077》（CD Projekt Red，2020年），创下1 054 388名同时在线玩家的辉煌战绩。

最大规模的《古墓丽影》纪念品收藏 — 87

关键信息
数量：3 050 件
地点：西班牙
估值：300 000 欧元
（259 563 英镑或 336 642 美元）

罗德里戈·马丁·桑托斯

《古墓丽影》系列是一款以劳拉·克劳馥为主角的逃亡冒险类游戏，由 Core Design 团队创作。1996 年，当第一部劳拉·克劳馥游戏（《古墓丽影》）发布时，它立即俘获了一位 9 岁西班牙男孩罗德里戈·桑托斯的心，不久，他便痴迷于寻觅相关的纪念品。在 20 年后的一次正式清点时，罗德里戈的收藏已经庞大到惊人的地步——多达 3 050 件独特物品，不得不分散存放在马德里和特内里费两地。

在罗德里戈的众多珍藏中，尤为特别的一件是曾被好莱坞巨星安吉丽娜·朱莉在 2001 年电影《古墓丽影》中穿着的北极大衣。"这是一段改变我人生的冒险经历，"罗德里戈深情地说道，"它带我游历了世界各地。"

最大的索尼克纪念品收藏

美国收藏家巴里·埃文斯（Barry Evans）珍藏了 3 050 件《刺猬索尼克》相关的纪念品，数量之多堪称全球之最。这些"蓝色幻影"索尼克藏品是他 30 年心血的结晶，如今全部陈列在一个特别布置的房间里。这个房间的设计灵感源自他儿时最爱的游戏厅"昔日时光"，充满了浓浓的怀旧气息。有趣的是，这段传奇收藏之旅的起点，竟是一款索尼克造型的泡泡糖盒。

游戏周边收藏达人

游戏	件数	收藏者
《数码宝贝》（左上图）	24 331 件	吴芷盈（中国）
《超级马力欧》	5 441 件	木井光（日本）
《小龙斯派罗》（右图）	4 100 件	克里斯托弗·德萨利扎（美国）
《最终幻想》	3 782 件	曾台鼎（中国）
《刺猬索尼克》	3 050 件	巴里·埃文斯（美国，左图）
《街头霸王》（下图）	2 723 件	克拉伦斯·林（加拿大）
《寂静岭》	342 件	惠特尼·查维斯（美国）

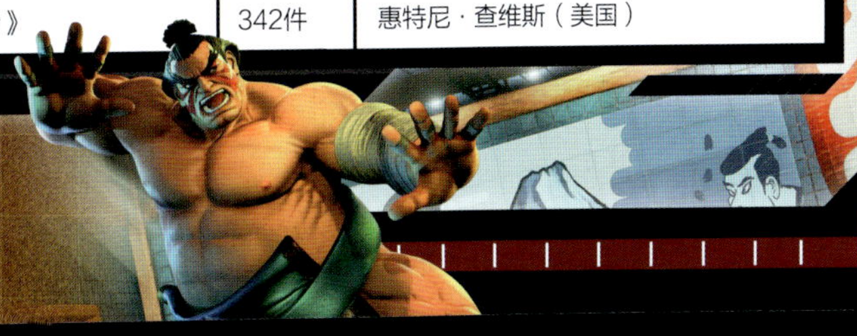

86 最畅销的 PS4 独占游戏

《漫威蜘蛛侠》（2018年）

在这款备受喜爱的原创游戏《漫威蜘蛛侠》中，超级人气英雄蜘蛛侠在虚构的曼哈顿与两大邪恶反派——底片先生和章鱼博士展开了一场惊心动魄的殊死对抗。由失眠组倾力打造的这款第三人称开放世界动作冒险游戏，在2018年发售短短三天内售出330万份。到2020年，这款游戏的总销量更是飙升至2 000多万，荣登PS4独占游戏销量排行榜的榜首（详见第21页）。

关键信息
发行年份：2018年
开发商：失眠组
发行商：索尼互动娱乐

惊人数字

2 500 000

2023年发行的《漫威蜘蛛侠2》在PS5平台发售首日就创下了250万份的纪录。上市仅10天，这一数字便翻了一番，销量突破500万！

PS4独占游戏首发三天销量前五名

《最后生还者2》（2020年，右图）	400万份
《最终幻想7：重制版》（2020年）	350万份
《漫威蜘蛛侠》（2018年）	330万份
《战神》（2018年，上图）	310万份
《对马岛之魂》（2020年）	240万份

数据来源：索尼集团第二季度业绩，截至2023年11月9日。

最大的可使用的 Game & Watch游戏机

85

托马斯·蒂利

托马斯的这台超大号游戏机，尺寸竟然是经典掌机的约17倍之多

这款任天堂经典掌上游戏机 Game & Watch 的超大版本，于2017年11月5日在澳大利亚阿德莱德的创客嘉年华展会上首次亮相。它的尺寸令人瞩目，宽1.93米，高1.16米，厚0.14米。该设备由澳大利亚计算机科学家托马斯·蒂利博士设计建造。

这款 Game & Watch 运行的是经典游戏《章鱼》，又名《海洋之谜》或《深海之谜》。玩家的目标是在沉船上捞取宝藏，同时要小心躲避狡猾的章鱼。该游戏机的原版掌机于1981年7月推出，销量突破100万台。更多 Game & Watch 有关信息，详见第44页。

惊人数字

4 340万

1980—1991年，任天堂的 Game & Watch 系列在全球的销量达到4 340万台。其中，仅在日本市场就售出了1 287万台。

托马斯全情投入角色扮演，游戏中潜水员的任务是寻找沉船里的隐藏宝藏

关键信息

发行年份：2017年
宽度：1.93米
地点：澳大利亚阿德莱德市

这台巨型 Game & Watch 掌上游戏机由大屏幕液晶电视、木材以及旧窗帘制造而成

84 金额最大的手游奖金池

《王者荣耀》世界冠军杯

《王者荣耀》是腾讯倾心打造的一款快节奏多人在线战术竞技游戏。在中国及周边东亚国家,这款游戏迅速成为一种文化现象,日活跃玩家数以千万计。

《王者荣耀》广受欢迎,吸引了无数电竞职业选手的积极参与,每年一度的《王者荣耀》世界冠军杯(KIC)更是汇聚了世界顶尖战队展开激烈角逐。自2022年以来,赛事的总奖金池已高达6 900万元人民币(970万美元或760万英镑)。在2023年12月30日举行的总决赛中,中国战队AG超玩会夺得冠军,收获2 000万元人民币(280万美元或220万英镑)的丰厚奖金。

关键信息
举办年份:
2022年、2023年
组织者:
Level Infinite、VSPO

《王者荣耀》为腾讯带来了丰厚的收益,目前其收入已突破100亿美元(78.9亿英镑)。游戏中巧妙融入中国历史和民间传说中的人物,这一独特设计无疑为其成功添砖加瓦。

惊人数字
6 460 909
2023年1月10日,来自中国杭州的游戏主播骚白(玩家ID)在《王者荣耀》直播中的观众达到了6 460 909人,创下该游戏单场直播观看人数的最高纪录。

最畅销的乐器游戏 83

《吉他英雄3：摇滚传奇》

基于前两款《吉他英雄》游戏的巨大成功，续作《摇滚传奇》将一切提升到了极致，它不仅增添了更多动听的歌曲和丰富的游戏模式，还有众多明星吉他手的精彩客串。该游戏迅速登顶销量榜，全球销量超过1 600万份，涵盖了PS2、PS3、Wii和Xbox 360等多个版本。2012年2月，美国的帕特里克·杨以连续72小时17分钟的超长游戏时间，创造了令人瞩目的纪录，成为玩《吉他英雄3》最长时间的玩家，指尖的摩擦几乎让他的手指都起了水泡。

趣味知识

《吉他英雄3》曾是乐器游戏的巅峰之作，但昔日的成就已成往事。如今，只有那些偶尔在角落里出现的、积满灰尘的塑料吉他，方能唤起人们对它昔日辉煌的点滴回忆。2007—2010年，在玩家厌倦这一玩法之前，该系列游戏与其主要竞争对手《摇滚乐队》共同引领潮流，推出了总计24款伴奏跟随型游戏。

首款销售额达10亿美元的游戏

《吉他英雄3：摇滚传奇》在2008年假日季再创非凡纪录，成为首款销售额突破10亿美元的游戏。这一成绩的取得，要部分归功于与游戏捆绑销售的高价外设。游戏的辉煌成就不仅令玩家兴奋不已，也为参与其中的艺术家们带来了意想不到的关注。有的艺术家表示，他们的音乐销量增长高达800%以上！

关键信息

发行年份：2007年
开发商：Neversoft
发行商：动视

专题

LEGO

乐高爆款套装前十

市场上规模最大的电子游戏主题乐高®积木套装 **前十**

从"滴答"点击到积木拼搭……快来体验截至2023年1月市场有售的十款规模最大的官方乐高游戏主题积木套装（不包括扩展包）吧！

10 索尼克的绿色山丘大回环挑战

这款套装的设计灵感源自1991年首次亮相的电子游戏《刺猬索尼克》中的开场关卡。积木生动地再现了"蓝色幻影"索尼克，为了挫败邪恶的蛋头博士关于动物们的卑鄙计划，在绿山地带环形赛道上飞速冲刺的精彩瞬间。

编号#: 76994
零件数: 802

9 铁傀儡堡垒

该套装灵感来源于《我的世界》，玩家将化身为勇敢的建筑师，构建一座坚不可摧的堡垒，协助水晶骑士和黄金骑士抵御潜在的入侵者。它还可以变形为一位高大威猛的傀儡巨人，并配备可活动的巨型手臂。

编号#: 21250
零件数: 868

8 刺猬索尼克——绿色山丘

编号#: 21331
零件数: 1125

在这一组套装中，乐高®重现了该榜单排名第10的《索尼克的绿色山丘大回环挑战》中的经典场景，但目标人群设定为18岁及以上的成年玩家，零件数量也增加了近5成。

7 《地平线：西之绝境》长颈兽乐高模型

这款乐高模型完美复刻了2022年游戏《地平线：零之曙光》续作《地平线：西之绝境》中的标志性通信机械生物——长颈兽。模型高34厘米有余，修长的腿和悠长的脖颈让小人仔阿洛伊显得渺小无比。

编号#: 76989
零件数: 1222

6 羊驼村庄

这款乐高模型让我们再次踏入《我的世界》的社区——一座巨型羊驼村庄。模型还原了游戏中的经典角色：一位骑士、一名牧羊人、一位掠夺者，以及一只会吐口水的顽皮羊驼。最有趣的是，打开羊驼的身体，里面竟然有6个可以随意变换的房间！

编号#: 21188
零件数: 1252

5 《超级马力欧 64》问号积木方块

这款乐高模型重现了 1996 年经典游戏《超级马力欧 64》中的问号砖块。打开这个积木方块，你将发现炸弹王国和地狱火海等经典场景，还有熟悉的角色马力欧、耀西、碧姬公主等。

编号#: 71395
零件数: 2 064

4 雅达利 2600 游戏机

这款乐高模型完美复刻了曾经风靡一时的雅达利 2600 游戏机，这款第二代游戏机的销量曾高达 2 764 万台。模型配有一个摇杆、三款经典游戏卡带——《爆破彗星》《魔幻历险》和《飞天蜈蚣》，以及三个精美的游戏场景。

编号#: 10306
零件数: 2 532

3 任天堂娱乐系统（红白机）

从 1985 年到 2003 年，任天堂娱乐系统（NES）作为最畅销的第三代游戏机，销量达到了 6 191 万台。如今，这款乐高积木模型配备了一台复古风格的 20 世纪 80 年代电视机，特别之处在于屏幕上有一个 8 bit 的马力欧正跨越障碍物，尽情享受横向滚动的冒险。

编号#: 71374
零件数: 2 646

2 吃豆人街机游戏

这款乐高版的吃豆人街机，重现了曾经风靡一时的同款街机游戏经典。据悉，原版街机的销量超过 40 万台。模型采用了精巧的机械迷宫设计，通过侧面的操纵杆就能模拟出原版游戏的玩法。

编号#: 10323
零件数: 2 651

1 强大的酷霸王

2022 年，酷霸王乐高模型隆重登场，它身高达 32 厘米，在蘑菇王国里傲视群雄。作为超级马力欧系列中的终极反派，酷霸王有活动自如的手臂、腿、脚及尾巴，它的嘴巴不仅可以张合，还能喷射火球，并发出"哇哈哈！"的笑声。

编号#: 71411
零件数: 2 807

专题

乐高® MOCs
破"盒"而出 无限可能

《塞尔达传说》中的海拉鲁王国地图

全球最大的乐高积木拼接游戏地图，出自美国艺术家伊恩·鲁斯玛之手。这幅海拉鲁大陆地图，总共用了24 718块乐高积木，再现了《塞尔达传说》系列自1986年问世以来标志性的海拉鲁大陆风貌。该地图长达2.184米，如今悬挂于伊恩先生的居所。

拼搭积木的魅力，在于它能够赋予人们自由构建的创作自由。这正是乐高游戏爱好者们所珍视的——不拘泥于官方套装的既定框架。以下展示的是积木大师们匠心独运的十个MOCs（"我本人的创作"）精彩范例。这些作品绝非乐高商店货架上的寻常之物。

《地平线》中的"震颤獠牙"

尼古拉·斯托基（乐高玩家ID：SerialBuilder）用7 957块积木搭建出了一个《地平线：西之绝境》（2022年）中的"震颤獠牙"的模型。该模型可根据需要调整姿势，其高度达39厘米，重量为4.29千克。在这个独特的MOC作品之上，还巧妙地附了一把由积木拼搭而成的螺丝刀。借助它，玩家能够灵活操控"震颤獠牙"模型，使其头部倾斜，同时部署齐射炮。

"电耗子皮卡丘的等身雕塑"

这个由塑料积木拼装而成的皮卡丘雕塑，出自澳大利亚设计师戴夫·霍尔德之手，创作于2021年2月，专为Bricker Builds公司设计。该作品巧妙地运用2 569块积木塑造出了一个高48厘米的复制品，其原型正是《宝可梦》系列中小智的忠实伙伴皮卡丘。在《宝可梦图鉴》中，皮卡丘的身高为40厘米（不包括耳朵），所以这个积木雕塑是一个等身大小的模型！

"意大利水管工的等身雕塑"

这座精美的马力欧·马力欧雕塑是前乐高大师级玩家、任天堂的忠实粉丝——Bricker Builds公司的戴夫·霍尔德的作品。这款雕塑灵感源自平台跳跃游戏中的水管工，采用4 787块积木拼搭而成，巧妙地融入了炸弹兵与超级蘑菇。

"运转中的《辐射》避难所"

让你的乐高小人仔畅享"地下优渥生活"，就从加拿大设计师MasterBuilderKTC打造的这款防爆掩体开启。这款依照《辐射》系列中避难所科技公司设计的复制品，由4 260块零件精心设计而成，它不仅内置逼真的音效，更有一扇可遥控开启的门。

"《星之卡比：机械星球》"

乐高创意平台的玩家AndeeWow精心打造了一款乐高MOC作品，致敬他心目中至爱的《星之卡比》游戏——2016年的《星之卡比：机械星球》。该套装包括瓦豆鲁迪、机械风语大树，以及来自波普之星的标志性粉色守护者卡比。卡比驾驶着机器博博装甲，威风凛凛又不失可爱（右图）。

以任天堂娱乐系统为灵感创作的塞尔达乐高方头仔

MOC作品并不全都是规模宏大的。例如，以乐高方头仔为灵感创作的套装往往显得小巧可爱。玩家可以从众多心仪的角色中选择一个，拼搭出自己独特的迷你版专属作品。不妨瞧瞧BaronSat.net网站上埃里克·德鲁昂精心拼搭的林克与塞尔达公主模型，这一作品仅用不到180块积木，却能将角色的神韵与特色展现得淋漓尽致。

已于乐高创意平台完成注册的"索尼PlayStation（PS1）"

乐高此前已推出了基于雅达利2600和任天堂娱乐系统打造的官方套装产品，然而，以索尼PlayStation游戏机为蓝本的乐高套装仍未问世。因此，乐高爱好者GoofySwan099决定凭借自身力量进行创作，他需要重现该游戏机制作难度颇高的圆形光碟托盘，还有手柄、两张记忆卡，以及能够按压操作的按钮，甚至一张游戏光碟。

"《我们之中》的骷髅舰地图"

这件由乐高爱好者BrickRealm101打造的乐高MOC杰作共由2 998块积木构建而成，生动再现了2018年推出的游戏《我们之中》里骷髅舰的内部场景，以及身处其中的一众船员。作品包括一整套精致的船员人偶，每个船员都配备了可替换的伪装者嘴巴配件。此外，用于召开紧急会议的标志性餐厅场景，还有可怕的布满电缆的电气室地板，均得以完美再现。

"《星球大战：天行者传奇》中的弑星者基地"

这件作品的长度达7.01米，宽度为1.82米，是个人搭建的规模最大的乐高《星球大战》系列之作。美国的优兔（YouTube）平台创作者RichboyJhae耗费两年多的时间，使用超过15万块乐高积木，方才成就了这一震撼之作。作品中不仅包含了斯诺克的全息影像室（如图），还重现了在2016年上映的电影《乐高星球大战：原力觉醒》中波·达默龙为摧毁基地而疾速飞过的标志性战壕。

最畅销的单人女性主角游戏

《地平线：零之曙光》

索尼公司的这款生动的后启示录冒险游戏的成功极大程度上倚仗魅力非凡的主角——埃洛伊。游戏细腻地呈现了她的成长轨迹：从儿时于战火纷飞、满目疮痍的美国废墟中艰难求生，直至成为诺拉部落的"探寻者"，踏上惊心动魄的冒险征途。截至2023年4月，《地平线：零之曙光》的销量已突破2430万份。如此佳绩，让埃洛伊毫无悬念地将竞争对手甩在身后，即《古墓丽影》中的劳拉·克劳馥，该游戏2013年发布的重启版销量约1450万份（详见第140页）。

关键信息

首发年份：2017年
开发商：游骑兵工作室
发行商：索尼

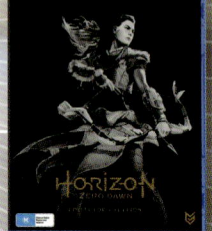

趣味知识

无论在粉丝还是评论家看来，埃洛伊都是《地平线：零之曙光》中最为出色的角色，尽管游戏中还有巍峨如山的机器恐龙夺人眼球！出人意料的是，她竟融合了三位不同人物的特质：她的声线是由阿什莉·伯奇配音；其外貌是以荷兰女演员汉娜·霍克斯特拉为原型塑造；她的举止动作则是通过英国的阿曼达·皮尔里的动作捕捉而成。

向西而行

在《地平线：零之曙光》发布五年后，游骑兵工作室推出了备受期待的续作《地平线：西之绝境》。第一部游戏的背景设定在未来31世纪的科罗拉多州、怀俄明州和犹他州，而《西之绝境》则将故事场景转移到了加利福尼亚州。该系列标志性的长颈兽（左图）回归，助力埃洛伊探索这片危险四伏的荒野之地。关于他们的乐高积木是何种样式，请参阅本书第36页。

最畅销的赛车游戏系列

《极品飞车》系列

美国艺电公司取得巨大成功的街头赛车系列始于1994年在3DO游戏机上发布的《极品飞车1》。经过30年的发展，该系列已推出25款正作，总销量累计超过1.5亿份——若排除卡丁车游戏，这无疑是赛车游戏领域的一项卓越纪录（详见第70页）。截至目前，该系列销量最高的单部作品是第9部作品《最高通缉》（2005年），其销量已超过1600万份。

卡通渲染佳作

《极品飞车：不羁》这款于2022年发布的作品在该系列的视觉呈现领域实现了里程碑式的变革，它巧妙地将前作的逼真写实风格与绚烂的涂鸦／动漫元素相融合。此创新设计一经面世就广受玩家群体与评论家的高度赞誉，令该游戏在激烈的竞争中脱颖而出，更为《极品飞车》系列注入了一股崭新的活力。

最畅销的赛车游戏系列

《极品飞车》	1.5亿份
《GT赛车》	9 000万份
《神力科莎》	2 800万份
《车神》	1 900万份
《湾岸午夜俱乐部》	1 850万份
《极限竞速》	1 600万份

关键信息
发行年份：2005年
开发商：艺电公司
发行商：艺电公司

《极品飞车1》是该系列的开山之作

80 最畅销的美国体育游戏

《NBA 2K20》

根据 2K 仟游（2K 游戏的母公司）发布的统计数据，截至 2020 年 8 月，2K 旗下风靡全球的 NBA 系列游戏之第 21 部力作《NBA 2K20》的累计销量已突破 1 400 万套。此游戏有幸邀请到洛杉矶湖人队的明星前锋安东尼·戴维斯作为其封面代言人，并于 2019 年 9 月正式登陆 PS4、Xbox One 等多个主流游戏平台。尤为值得一提的是，《NBA 2K20》在该系列中首开先河，将美国女子职业篮球联赛（WNBA）的球员纳入其中，全面收录了 12 支 WNBA 球队及其麾下球员。

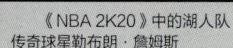

《NBA 2K20》中的湖人队传奇球星勒布朗·詹姆斯

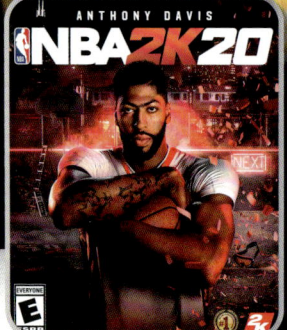

趣味知识

正如该系列的大多数作品，《NBA 2K20》有诸多全新特色。"我的球员"中角色定制功能全面升级，玩家能够自行设计文身并将其添加到所创建的球员身上。此外，游戏还新增了 6 支经典球队，使经典球队的总数达到了 68 支。

关键信息
发行年份：2019 年
开发商：Visual Concepts
发行商：2K

第一款篮球电子游戏

《篮球！》这款游戏于 1973 年在全球首款电子游戏机 Magnavox Odyssey 上发布。玩这款游戏时，玩家需在电视屏幕上覆盖一层塑料贴膜，膜上绘制着静态的篮球运动员分布在球场上的场景。游戏中的视觉呈现相对朴素，以一个白色小方块象征篮球，而两位可由玩家操控的角色则通过尺寸稍大的方块来呈现。欲了解更多关于第一代电子游戏机的信息，敬请参阅本书第 49 页。

最畅销的格斗游戏系列

79

《真人快打》

截至2024年1月,"完美胜利!"《真人快打》系列,销量已突破8 300万。若不计入各类合集与捆绑版本,该系列累计推出的作品数量多达28部。其中,最新力作《真人快打1》由NetherRealm工作室精心打造,作为该系列的第二次重磅重启之作,于2023年9月盛大发行。一经问世,该游戏便收获如潮好评,在发售后的三个月内,其销量近300万。

关键信息
- 首发年份:1992年
- 开发商:Midway
- 发行商:Midway

惊人数字
3 360万份

截至2024年1月,《任天堂明星大乱斗:特别版》(万代南梦宫,2018年)凭借出色的总销量,成为最畅销的格斗游戏。

最畅销的5款格斗游戏系列

系列名称	总销量
《真人快打》	8 300万份
《任天堂明星大乱斗》	7 490万份
《龙珠》	6 250万份
《铁拳》	5 700万份
《街头霸王》	5 300万份

NES 于 1985 年 10 月 18 日首次推出

78 首款家用游戏机手柄

⚠️ 任天堂家庭电脑
任天堂娱乐系统

　　任天堂家庭电脑（Famicom）于 1983 年 7 月 15 日在日本正式发售，属于第三代游戏机。随后，该设备经过重新设计，面向国际市场推出了任天堂娱乐系统（NES，见上左图）。该款游戏机在诸多方面都开了先河，尤其是其手柄的设计采用了按键而非传统的操纵杆或方向盘，真正意义上实现了变革。随着 NES 的流行，十字方向键迅速成为一代游戏玩家的首选控制方式，使得数以百万计的玩家沉浸在"按键狂魔"的乐趣中。

Famicom = Family + Computer

关键信息
上市日期：
1983年7月15日
设计师：
横井军平（日本）
手柄端口数：2个

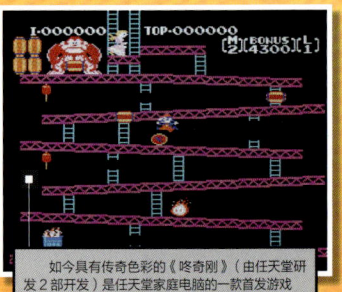

如今具有传奇色彩的《咚奇刚》（由任天堂研发 2 部开发）是任天堂家庭电脑的一款首发游戏

Famicom 之父——
任天堂公司工程师上村雅之

惊人数字

30%

根据 1990 年《电脑游戏世界》杂志的数据，约 30% 的美国家庭拥有 NES。

NES问世之前

　　曾经有一款由按键控制的掌中宝游戏机——Game & Watch。作为任天堂首款掌上游戏设备，这一系列于 1980 年在日本首次发布。尽管这些设备并不算真正意义上的游戏机，因为每台设备仅内置一款游戏，但它们无疑为后续的便携式游戏发展奠定了基础。
　　在该系列的首批作品中，"银色系列"的《抛接球》游戏尤为引人注目，其灵感源自杂技表演艺术。1982 年《咚奇刚》游戏推出时 Game & Watch 已采用双屏翻转式设计，这一创新举措使得该游戏的销量突破了 800 万台。

1982 年的"新宽屏" Game & Watch

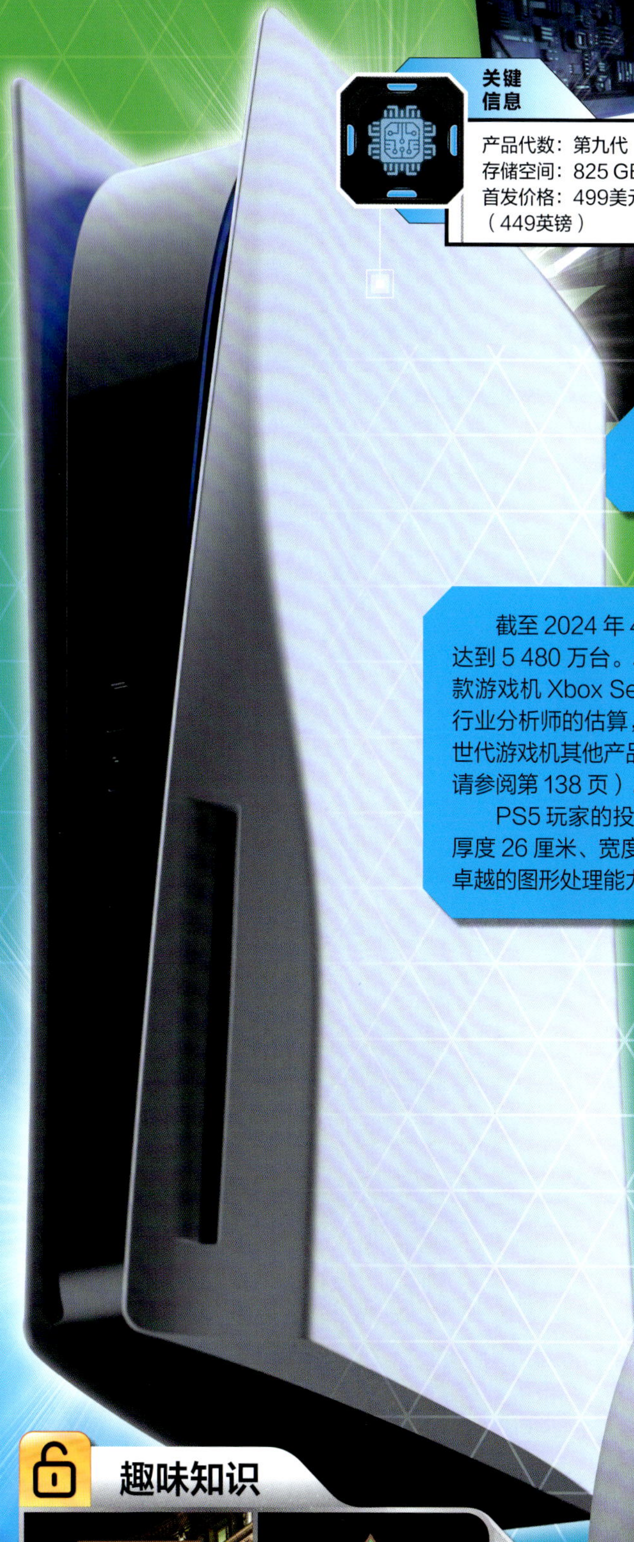

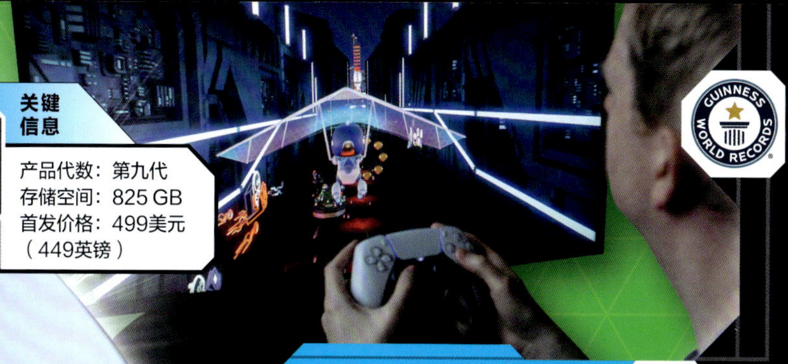

关键信息

产品代数：第九代
存储空间：825 GB
首发价格：499美元（449英镑）

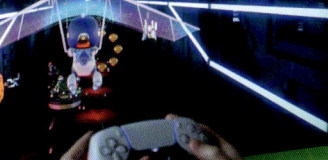

最畅销的第九代游戏机

索尼Playstation 5

截至2024年4月，PlayStation 5（简称PS5）的全球销售量已达到5 480万台。尽管其竞争对手微软公司已多年未对外披露旗下两款游戏机Xbox Series X与Xbox Series S的具体销售数据，但据行业分析师的估算，仅在2023年，PS5的销量几乎达到了同属第九世代游戏机其他产品销量的三倍（关于最畅销游戏机的更多详细信息，请参阅第138页）。

PS5玩家的投入物有所值——该游戏机的尺寸为高度39厘米、厚度26厘米、宽度10厘米，是迄今为止体积最大的电子游戏机。其卓越的图形处理能力需要充足的空间来配置风扇与散热器。

"这绝对是我所拥有过的外观最为华丽的游戏机。"

IGN网站的资深编辑卢克·赖利如是评价

趣味知识

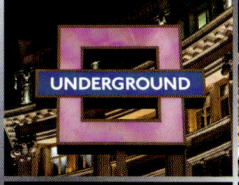
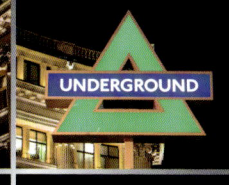

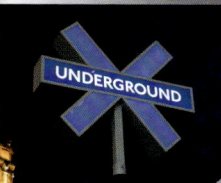

2020年11月，索尼在英国正式推出了PlayStation 5。为推广此次发布活动，索尼特别向伦敦地铁系统（即英国首都的地下铁道网络）提出请求，希望将位于牛津广场站点周边的地铁标识临时更换为PS系列游戏的标志性图标。伦敦地铁的传统标识为圆形设计（图示左下角）。遗憾的是，由于当时英国正处于新冠肺炎疫情所引发的封锁期间，许多伦敦市民无缘目睹索尼为此次活动所做的精心布置！

76 首款高清电子游戏机

微软 Xbox 360

2005年11月21日,玩家们彻夜排队购买 Xbox 360——一款被宣传为揭开游戏新纪元的划时代产品。微软推出的这款游戏机作为首款采用高清(HD)电视标准的设备,其显示分辨率远超老式游戏机,竟达六倍有余,相比之下,老式游戏机所能呈现的像素数量仅与现代智能手表的显示屏相当。

Xbox 360的生命周期较长,历经两次重要的硬件迭代更新,即360 S与360 E,更凭借其内置网络连接功能以及Xbox Live服务为在线游戏开辟了新路径。诚然,在同世代游戏机中,Xbox 360或许并非畅销之冠,然而,它对游戏产业所产生的深远影响却是无可争辩的。

《2006年 FIFA 世界杯》(2005年)是首批 Xbox 360 游戏之一

惊人数字

2 150+

面向Xbox 360平台发行的游戏超2 150款。首批游戏包括《使命召唤2》(Infinity Ward,见下图)和《极品飞车:最高通缉》(美国艺电)。

关键信息

发行日期:2005年11月22日
开发商:微软
销售量:8 448万

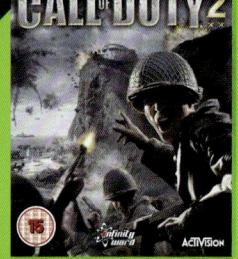

Xbox 360平台上第一款销量破百万的游戏

以第二次世界大战为主题的《使命召唤2》,一经推出便迅速赢得了Xbox 360用户的青睐,其销售占比超过该平台用户总数的2/3。此款聚焦于抢滩登陆战役的游戏在发售的首周内销售量便超20万份。这一斐然成绩,开启了《使命召唤》系列游戏不断刷新纪录的传奇历程,该系列相继在Xbox 360平台上推出了七部极为成功的续作(详见第118~121页)。

基于电子游戏的票房最高的传记电影

75

《GT赛车：极速狂飙》

备受瞩目的电影《GT赛车：极速狂飙》（美国，2023年），讲述了英国青年詹恩·马登伯勒的非凡历程。他凭借在虚拟世界炼就的卓越驾驶技艺，最终圆了自己成为职业赛手的梦想。

此片描绘了演员阿奇·马德基饰演的詹恩如何一步步精通由Polyphony Digital公司1997年推出的模拟驾驶游戏《GT赛车》的曲折过程。正是这份对游戏的热爱使他吸引了Nissan公司的密切关注。随后，詹恩受邀参与了该公司GT学院项目的激烈角逐（在此透露一下剧情——他在9万名参赛者中脱颖而出，成为该项目历史上最年轻的冠军！）。截至2024年2月9日，《GT赛车：极速狂飙》在全球范围内累计票房高达117 862 107美元（9 339万英镑）。

关键信息
上映时间：2023年
导演：
尼尔·布洛姆坎普

惊人数字

19

詹恩·马登伯勒，生于1991年9月9日，为Nissan公司GT竞赛历史上最年轻的冠军。他在以自身真实经历改编的电影中担任了一名技艺精湛的特技车手。

🔓 趣味知识

自2013年《GT赛车6》问世起，Vision Gran Turismo项目便开启了全球顶尖汽车制造商参与游戏内虚拟概念车设计的新纪元，保时捷、捷豹、兰博基尼、布加迪等众多知名汽车品牌均受邀参与其中。部分虚拟概念车甚至在现实世界中以实体模型的形式展现，如2022年法拉利推出的V6概念车。

《GT赛车》系列游戏中最多的赛道

尽管众多其他赛车游戏已倾向于采用开放世界的设计理念，例如《极限竞速：地平线》（参见第98页），但《GT赛车》系列始终秉持着对赛道设计的纯粹追求。在该系列最新力作《GT7》中，精心设计了38条独具特色的赛道，其中包括19条真实存在的赛道，并提供了116种赛道布局。此外，玩家还可以通过下载扩展包探索更多赛道。

74 历史最悠久的模拟飞行系列游戏

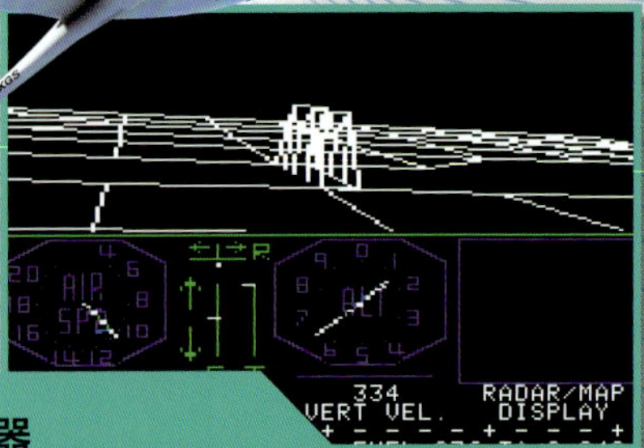

飞行模拟器

《微软模拟飞行》是一款划时代的游戏，最早于 1979 年在第二代苹果机上问世。当时，这款游戏名为《模拟飞行 1》，由一家名为 Sublogic 的初创公司开发。1983 年，微软推出了续作《模拟飞行 2》，此时微软已将游戏的创作者纳入麾下，并于 1982 年为 IBM 公司开发了 PC 版的《微软模拟飞行》。

《微软模拟飞行》可谓是一代传奇，从最初的两款苹果平台版本算起，已经推出了 15 个版本。如今，第 16 代游戏已经在 2024 年震撼登场。

首款飞行模拟器

飞行员训练模拟设备已经有百年历史了。不过，飞行模拟游戏却是在 20 世纪 70 年代才兴起。说起这款游戏的诞生，就不得不提到一位名叫布鲁斯·阿特威克的人物。这位大神当年在美国伊利诺伊大学可是个学霸，主修电气工程专业。在校期间，他写出了一篇论文——《由计算机生成的多功能动态飞行显示系统》。阿特威克还在苹果电脑上制作了一个飞行模型。他一眼就看出了这项技术蕴含的商机，立马创办了 Sublogic 公司，并在 1979 年推出了《模拟飞行 1》。

《微软模拟飞行》中马基航空公司 M-346 高级教练机的高清驾驶舱

关键信息
首发年份：1979 年
开发商：多家公司
发行商：Sublogic 公司/微软

趣味知识

2020 年版的《微软模拟飞行》可谓包罗万象，涵盖的机场数量达 37 000 多座，从阿拉斯加荒野上那些供丛林飞行员使用的草地跑道，到像乔治亚州哈兹菲尔德-杰克逊亚特兰大国际机场（左图）这样庞大的建筑群。

这款游戏还融入了实时的天气数据，玩家可以亲身体验穿越加利福尼亚山火烟雾的惊心动魄，或者直面风暴中心的惊涛骇浪。

最畅销的第一代游戏机

Color TV-Game

关键信息
- 首发时间：1977年6月
- 制造商：任天堂
- 地区：日本

飞驰向前

1978年，任天堂家用游戏机系列迎来了它的第三个"宝贝"——Color TV-Game Racing 112。这款游戏机内置了俯视视角的赛车游戏。它提供了7种游戏模式（4种单人模式、3种双人模式），设置了16种难度级别，总共组合出112种玩法。

这款游戏机的与众不同之处在于它的外壳设计——配备了换挡杆和方向盘。单人模式提供了"狭窄"和"宽敞"两种道路模式。游戏机还配备了两个操纵杆控制器，专门用于多种双人游戏模式。

1977年，一家名不见经传的日本小玩具厂商——任天堂推出了两款让人眼前一亮的家用游戏机：Color TV-Game 6 和 Color TV-Game 15。这两款"神机"都内置了一款游戏《光网球》，这游戏受到了游戏《乓》的启发。Color TV-Game 6 至少设置了6种不同游戏模式，而 Color TV-Game 15 更是了不得，能玩出15种花样，这也就是它们名字的由来。

这两款游戏机一上市，立马在日本掀起了一阵旋风。它们不仅游戏内容让人欲罢不能，价格还很亲民，每款销量都卖出了惊人的100万台，创下了前所未有的纪录。它们也为日后任天堂家庭电脑和 NES（参见第44页）的问世铺平了道路。

惊人数字

9 800日元

1977年，一台 Color TV-Game 6 的售价为35美元（21英镑），折合现在的价格是177美元（147英镑）。

《星球大战》系列中最受好评的游戏

《星球大战：旧共和国武士》

"这是一款令人惊叹的游戏佳作，巧妙融合了出色的游戏元素、震撼心魄的视听体验，以及浓郁的星战魔力。"这番赞誉并非孤例，而是2003年BioWare开发的这款角色扮演游戏《星球大战：旧共和国武士》在Xbox平台上发布后获得的普遍评价。综合72篇评论，该游戏在权威评分网站Metacritic上斩获94%的高分。试问，面对如此精妙的游戏，谁能不为之倾倒？更有趣的是，游戏中还有一个疯狂的刺客机器人将所有血肉之躯戏称为"肉袋"！

关键信息
发布日期：2003年
开发商：BioWare
发行商：LucasArts

🔓 趣味知识

《旧共和国武士》中的许多角色和剧情已被纳入星战正传，成为官方认可的元素。尽管正统元素这一概念随着岁月流转不断演变，难以界定，但达斯·瑞文无疑已然确立了他在星战正史中的地位，成为一颗耀眼的明星。更值得一提的是，塔图因，这颗在首部电影中展现为尘土漫天的荒漠星球，竟曾是一片波澜壮阔的海洋世界。

票房最高的科幻电影系列

《星球大战》系列囊括11部真人电影和一部2008年推出的动画作品，截至2024年2月14日，这个系列已经缔造了103亿2545万2887美元（81亿英镑）的惊人票房。其中，2015年上映的《原力觉醒》独占鳌头，以超过20亿美元（15亿英镑）的傲人成绩成为系列之冠。

《星球大战》也是**授权最多的游戏**，截至2024年1月18日，已经衍生出163款游戏作品，跨越56个平台，包括与《愤怒的小鸟》（左图）的跨界联动，以及与乐高®积木的巧妙融合（上图）。

历史最悠久的街机游戏系列

71

《太空侵略者》

关键信息
发行年份：1978年
开发商：太东公司
发行商：太东公司

1978年春，太东公司推出的《太空侵略者》在东京的游戏厅横空出世，瞬间引发轰动。这款游戏彻底颠覆了此前以《打砖块》（下图）为代表的那种静谧的游戏氛围，为玩家带来了前所未有的动感与刺激。《太空侵略者》开创了多项先河：它是**首款呈现动态敌人的游戏（以及首次让敌人具备反击能力的游戏）**，它还是**首次使用贯穿全程背景音乐的游戏**。

游戏开发商几乎无法满足市场的庞大需求——在1979年底推出了惊人的75万台街机——《太空侵略者》及其衍生作品成为游戏厅中永恒的经典。

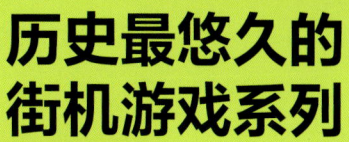

《太空侵略者》的灵感之源

1976年，雅达利公司的《打砖块》游戏风靡一时，成为当年的热门之选。面对这一劲敌，太东公司自然不甘落后，请来了开发奇才西角友宏，希望他能设计出一款与《打砖块》媲美的游戏。

西角友宏以卓越的创意，将《打砖块》中静止不动的砖块幻化成了一支步步逼近的外星军团，并为游戏配上了紧张诡谲的背景音乐。而原本平淡无奇的挡板也摇身一变成为威力无穷的激光炮。同时，游戏节奏也加快了。这一意外效果源于：每消灭一个外星人，游戏代码的运行速度就会提升。

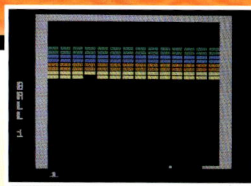

"我为这款游戏所产生的巨大影响感到无比自豪。即便时至今日，我仍无法通过第一关！"

《太空侵略者》缔造者西角友宏

专题

玩家最多的 25 款游戏

在这里，我们为你呈现了玩家最多的游戏排行榜。这份榜单是基于注册用户账号数量而制定的——这是游戏产业中为数不多的可靠统计标准之一。让我们一起来看看，你钟爱的游戏是否榜上有名？

- 25　《冒险岛》（Wizet，2003年，1.8亿）
- 23=　《企鹅俱乐部》（新地平线互动公司，2005年，2亿）
- 23=　《龙之谷》（Eyedentity Games，2010年，2亿）
- 22　《罗布乐思》（罗布乐思公司，2006年，2.14亿）
- 21　《终结战场》（网易游戏，2018年，2.3亿*）
- 20　《王者荣耀》（天美工作室群，2015年，2.95亿）
- 19　《江湖》（Jagex，2001年，3.5亿）
- 18　《跑跑卡丁车》（乐线，2004年，3.8亿）
- 15=　《梦幻西游》（网易游戏，2001年，4亿）
- 15=　《迷你世界》（迷你玩科技有限公司，2017年，4亿）
- 15=　《堡垒之夜》（Epic Games，2017年，4亿）
- 14　《我们之中》（Innersloth，2018年，5亿）
- 13　《我的世界》（魔赞工作室，2011年，6亿）
- 12　《使命召唤：手游》（天美工作室群，2019年，6.5亿）
- 11　《宝可梦GO》（Niantic，2016年，6.78亿）
- 10　《QQ飞车》（天美工作室群，2010年，7亿）
- 9　《疯狂喷气机》（Halfbrick 工作室，2011年，7.5亿）
- 8　《地下城与勇士》（Neople，2005年，8.5亿）

*服务器现已关闭

在这份榜单中，《我的世界》虽不以其他游戏般免费开放，却以其独特魅力征服了6亿玩家。这款由Mojang精心打造的沙盒游戏，吸引着全球冒险者前来探索。其中，有4亿来自中国。

在沙盒游戏领域，如果说有谁能与排名第13的《我的世界》一较高下，那非排名超过22的《罗布乐思》莫属。每天有超过7 000万玩家活跃在《罗布乐思》的虚拟世界中。该平台孕育了众多热门游戏，佼佼者。这款以照顾宠物为主题的游戏，已跻身全球最受欢迎游戏之列，成为《罗布乐思》平台的一张亮丽名片。

1

《糖果传奇》

（King 公司，2012 年，50 亿）

《糖果传奇》已成为史上玩家数量最多的游戏。这款甜美的"三消"益智游戏之所以如此成功，源于其广泛的受众群体。其核心玩家群是 35 岁及以上的女性。游戏的另一大亮点是短时间游戏模式，或许正因为这一点，2014 年，一位英国国会议员竟在一次委员会听证会上被当场抓到正在玩《糖果传奇》！

2

地铁跑酷

（Kiloo/SYBO Games，2012 年，40 亿）

《地铁跑酷》为经典的无尽跑酷游戏注入了别具一格的地下风情，一举成为丹麦跑酷游戏的传奇之作。这款游戏以一位涂鸦艺术家在地铁轨道上躲避列车和警察追捕的独特设定，赢得了全球玩家的青睐，成为过去 10 年里下载量最高的移动游戏，下载量突破了 27 亿次。随着短视频平台 TikTok 上一股视频剪辑潮流的兴起，该游戏下载量飙升至 40 亿次。

3

《神庙逃亡》

（Imangi Studios，2011 年，25 亿）

谁不想永远领先于一群恶魔猴子一两步呢？《神庙逃亡》游戏设计简洁，只需用一根拇指即可在移动设备上操作，正是这种简单易用的特点，使得《神庙逃亡》吸引了惊人的 25 亿玩家。让我们一起奔跑吧！

截至 2024 年 4 月 23 日，《宝可梦图鉴》中已收录了 1 025 只宝可梦。妙蛙种子是第一只被登记的宝可梦，而最新加入的则是桃夕郎（下图所示为图鉴编号 #175 的波克比）。难怪这些可爱的小精灵无处不在！

4

《绝地求生：刺激战场》

（光子工作室群，2018 年，12 亿）

这款源自革命性游戏《绝地求生》的手游取得了巨大成功，尤其是在亚洲市场。作为最早将"大逃杀"游戏从 PC 和主机平台成功移植到移动设备的先驱之一，《绝地求生：刺激战场》抢占了先机，成功领先于《堡垒之夜》等竞争对手。

5=

《穿越火线》

（世曼凯，2007 年，10 亿）

这款源自韩国的在线第一人称射击游戏初登场时，常被与维尔福的《反恐精英》相提并论。然而，随着时间的推移，《穿越火线》已成功赢得了自己的声誉和地位，这一点从其超过 10 亿的注册用户数量可见一斑。如今，《穿越火线》已然成为横跨整个亚洲的顶级娱乐品牌之一。

5= 《愤怒的小鸟》（Rovio娱乐，2009年，10亿）

5= 《水果忍者》（Halfbrick Studios，2010年，10亿）

70 最畅销的任天堂家用游戏机

Switch

2012 年，随着 Wii U 高清家用游戏机的销售低迷，任天堂重燃设计的激情，最终推出了一款令人惊艳的集掌机和家用主机于一体的产品——Switch。Switch 的诞生再次证明了任天堂在创新设计上的独特才华，正如他们曾经为 Game Boy 掌上游戏机和 Wii 家用游戏机全力以赴，创造出无数奇迹一般，Switch 也为他们带来了丰厚的回报。截至 2023 年 12 月，Switch 的累计销量已高达 1.3936 亿台，轻松超越了任天堂以往的销量冠军 Wii 的 1.0163 亿台。总体上，**最畅销的任天堂游戏机**是 DS 掌机，其销量达到 1.5402 亿台。

关键信息
发行时间：2017年3月
存储容量：32GB
重量：399克（含 Joy-Con 手柄）

6.2 英寸（15.7 厘米）电容触摸屏

任天堂畅销产品
- DS 掌上游戏机（1.5402 亿台）
- Switch 游戏机（1.3936 亿台）
- Game Boy 便携式游戏机（1.1869 亿台）
- Wii 家用游戏机（1.0163 亿台）
- Game Boy Advance（便携式游戏机）（8 154 万台）
- 3DS（便携式游戏机）（7 594 万台）

惊人数字
12 亿
任天堂 Switch 游戏机平台的游戏销量已达到 12 亿份，为任天堂所有游戏主机中游戏销量最多的一款，远超昔日霸主 DS 掌上游戏机创下的 9.48 亿销量。

最畅销的电影改编游戏

《007之黄金眼》

爆破、追逐、潜行……《007之黄金眼》于皮尔斯·布鲁斯南首次出演詹姆斯·邦德的影片《黄金眼》（1995年英美上映）两年后横空出世，以其惊心动魄的第一人称射击体验，斩获了809万份的销量，成为一代人心中多人对战游戏的标杆之作。与以往简单照搬电影剧情不同，开发商别出心裁，巧妙地在原影片基础上大幅拓展故事内核，加入了更多富有挑战性的任务和刺激紧张的潜行玩法，为玩家呈现了一场跨越全球的单人冒险之旅。

《黄金眼》：首部全球票房破3亿的邦德电影

关键信息

发行年份：1997年
开发商：Rare
发行商：任天堂

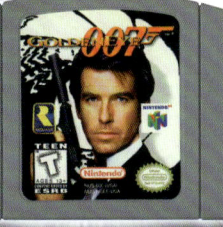

《黄金眼》：007系列小说的作者伊恩·弗莱明在牙买加的住宅的名字

邦德华丽转身，惊艳登陆Switch

2023年，随着《007之黄金眼》在任天堂Switch平台的重磅降临，这款游戏终于迎来了期待已久的多人在线对战模式。昔日的3D画面如今焕发新生，分辨率从原版的240p提升至高清的720p。然而，高清画质，也暴露了一些20世纪90年代粗糙的美术细节。

🔓 趣味知识

- 这款游戏并非单纯的《黄金眼》电影改编，而是巧妙融合了《007》系列16部经典电影的精髓，更是让一众经典反派悉数登场，如头顶致命飞帽的"铁帽子"（上图），身手矫健的"五月魔女"，还有那口若铁钳的"大白鲨"等。

- 游戏中还隐藏了一些秘密关卡，还原了《007之太空城》和《007之金枪人》的经典情节！

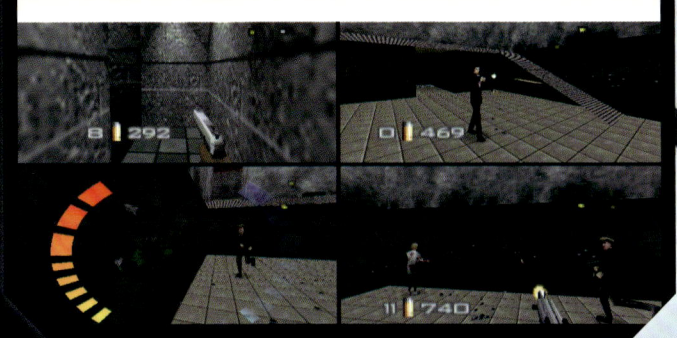

关键信息
发行年份：2023年
收购方：微软
被收购方：动视暴雪

68 规模最大的游戏收购案

微软/动视暴雪

2023年10月13日，微软公司以令人咋舌的687亿美元（560亿英镑）完成了对动视暴雪的现金收购。此番并购之举，令微软这一科技巨头获得了多个知名游戏系列的所有权（如上图，左侧所列），诸如《斯派罗》《古惑狼》《使命召唤》《糖果传奇》以及《守望先锋》等。

这些极具影响力的游戏佳作，如今已与微软游戏部门原有的旗舰阵容（如上图右侧所列）——《战争机器》《我的世界》《脑航员》《神鬼寓言》及《光环》等系列并立。

趣味知识

早在2020年，即微软斥巨资收购动视暴雪的三年前，该科技巨头便慷慨地投入了75亿美元（54.2亿英镑），成功将ZeniMax Media——旗下汇聚了诸如贝塞斯达、id Software等一众顶尖游戏工作室纳入麾下。此番收购无疑为微软的游戏帝国增添了诸多经典之作，如《辐射》《星空》和《上古卷轴》系列，以及《德军总部》《耻辱》《毁灭战士》《狂怒》和《雷神之锤》等。

获得艾美奖最多的游戏改编作品

67

《最后生还者》

将游戏改编为影视作品的历程中不乏佳作涌现（详见第68~69页），然而，如《最后生还者》这般迅速俘获人心的改编实例实属罕见。在2024年艾美奖的荣耀殿堂上，HBO电视网精心打造的这部迷你剧集，以24项提名之姿闪耀登场，最终荣膺8项殊荣。它超越了普通游戏改编作品的范畴，究其原因，《最后生还者》本身便非等闲之辈——其成功的秘诀之一在于顽皮狗工作室于2013年推出的这款生存冒险游戏，几乎无需过多改动，便能轻松吸引电视观众。

斯托姆·里德（饰莱利）：电视剧最佳客串女演员

创意团队：杰出视觉特效奖

尼克·奥弗曼（饰比尔）：电视剧最佳客串男演员

关键信息

发行年份：2023年
播出平台：HBO Max
制片人：
克雷格·麦辛
尼尔·德拉柯曼

现实世界中的"僵尸"

《最后生还者》中真菌接管人类的全球危机尚未在现实中上演，但其背后的寄生真菌现象存在于自然界。一种名为偏侧蛇形虫草菌的寄生真菌早已将昆虫纳入其宿主范畴。在亚马逊丛林深处，那些体长可达20厘米的绿色豆状竹节虫成了被这种真菌感染的体型最大的"僵尸动物"。一旦被它们感染，这些竹节虫便如同电影中的僵尸一般，随着真菌的繁殖，它们的躯体中会冒出能够散播孢子的菌菇。

🔓 趣味知识

在电视改编版中，战斗力十足的孤儿艾莉与悲痛欲绝的父亲乔尔分别由贝拉·拉姆齐和佩德罗·帕斯卡尔饰演（主图）。而在2013年的原版游戏中（上图），这两个角色则由配音演员阿什莉·约翰逊和特洛伊·贝克配音。尽管当时电子游戏表演的奖项类别尚不多，但两位配音演员凭借出色的表现横扫了当时所有可获得的奖项。

艺术想象图

66 最畅销的游戏配乐

《最终幻想8》

植松伸夫（右图）为备受欢迎的角色扮演游戏《最终幻想》系列的第八部作品创作了全部配乐——共计 74 首曲目，总时长 249 分钟，分为四张唱片。事实证明，这张专辑深受游戏迷的喜爱，自 1999 年 3 月发布后的九个月内仅在日本的销量就超过了 30 万张。

游戏的主题曲《看着我》同样大获成功。这首由著名歌手王菲演唱的歌曲一经发行便迅速售出 50 万张。《最终幻想》系列的音乐备受喜爱，以至于世界各地依然不断举办相关交响乐演奏会。

关键信息

发行年份：1999 年
作曲：植松伸夫
发行商：DigiCube/Square EA

《光环》的辉煌成就

2012 年 11 月 10 日，《光环 4》（343 工作室）的交响乐原声带首次登上美国《公告牌》200 强专辑排行榜，并以第 50 名的佳绩创下了**游戏原声专辑在美国专辑排行榜最高排名**纪录。该专辑在发行首周即售出近 9 000 张，并在《公告牌》电影原声专辑榜单上荣登季军宝座。早在 2004 年 11 月 27 日，《光环 2：原声带与新音乐，第一卷》便成为**首张入选《公告牌》200 强专辑排行榜的游戏原声专辑**，彼时位列第 185 名。

趣味知识

《茶杯头》（摩登豪尔工作室，2017 年）以其紧张刺激的游戏玩法与浓郁的 20 世纪 30 年代卡通风格视觉效果相得益彰，而由加拿大作曲家克里斯托弗·马迪根精心创作的大乐队原声音乐更是点睛之笔。在 2019 年 9 月，该游戏的双黑胶唱片专辑凭借其充满活力、动感十足的音乐作品，成为**首张位列《公告牌》爵士专辑榜榜首的游戏原声专辑**。

《穿越火线》比赛累计奖金收入最高的玩家

65

汪浩（游戏ID：N9）

截至2025年2月5日，中国选手汪浩总共参加了58场《穿越火线》（世曼凯，2007年）电竞比赛，累计斩获867 059美元奖金。《穿越火线》是中国最受欢迎的十大游戏之一。

关键信息

时间：2025年
选手姓名：汪浩
游戏名称：《穿越火线》

趣味知识

2020年7月，改编自同名游戏的《穿越火线》电视剧登上荧幕，备受瞩目。该剧由索尼影业、腾讯影业和世曼凯联合出品，国内著名青年演员鹿晗和吴磊领衔主演，分别饰演肖枫和路小北。剧中，他们来自不同时代，却在一张游戏地图中跨越时空，意外相遇。他们放下对彼此的猜疑，共同研究战术，帮助对方成长，最终逆风翻盘。

《穿越火线》星赛季（CF5）获奖

Esports Earnings 网站数据显示，N9 的全部游戏收入均来自《穿越火线》。这款2007年推出的战术第一人称射击游戏，凭借其在中国和韩国经久不衰的人气，成为全球游玩人数最多、奖金收入最高的电子游戏之一。

N9 近期的高光时刻之一，当属在 2023 年 11 月 29 日至 12 月 10 日于中国成都举办的 CF5 赛事中，他与白鲨电子竞技俱乐部的队友们并肩作战，成功斩获一等奖 50 万美元。作为战队一员，N9 也获得了 10 万美元的奖金。

惊人数字

2 548万

自2009年以来，玩家在410场《穿越火线》比赛中赢得了总计2 548万美元的奖金。

64 人体组成的最大宝可梦图案

> **!** 皮卡丘
>
> 2017年11月26日，994人在日本佐贺的吉野里历史公园重现了宝可梦系列中那只深受喜爱的黄色吉祥物——皮卡丘。这一壮观场面由小学馆与集英社制作公司精心组织，旨在庆祝宝可梦动画迎来第1 000集的播出。尽管原计划参与这一纪录挑战的人数为1 000人，但六位参与者因脱帽坐下而被取消资格。欲了解更多关于宝可梦的世界纪录，参见第152~155页。

关键信息
发行年份：2017年
参与人数：994人
地点：日本

惊人数字
1 280
截至2024年4月，《宝可梦》动画系列的集数已达到1 280集。该动画于1997年4月首播，成为持续时间最长的电子游戏改编电视剧。

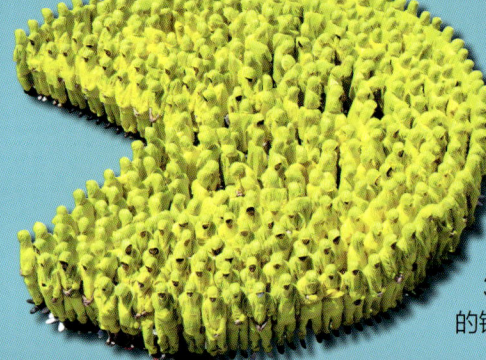

人体组成的最大吃豆人图案

2015年5月21日，在东京塔的影子下，351名志愿者身穿黄色连帽工装，齐心协力组成了一个巨大的吃豆人图案。这一壮举旨在庆祝经典街机游戏《吃豆人》（南梦宫，1980年）发布35周年。自面世以来，《吃豆人》以293 822台的销量，至今仍保持着**最成功的街机游戏**的纪录。

最畅销的任天堂游戏

63

《Wii运动》

关键信息
发行年份：2006年
开发商：任天堂
发行商：任天堂

凭借其趣味盎然的游戏玩法和亲和力十足的视觉设计，《Wii 运动》成为任天堂 Wii 系列在 2006 年发售阵容中的明星之作。游戏中的迷你游戏充分展示了 Wii 独特的动作感应控制功能，玩家通过挥动 Wii 手柄能够模拟挥高尔夫球杆或投掷保龄球的动作。这种互动方式不仅吸引了大量游戏玩家，也让非游戏玩家感受到了游戏的魅力。包括在许多地区与游戏机捆绑销售的版本在内，《Wii 运动》总共售出了惊人的 8 290 万份。

《Wii运动》 8 290万份

惊人数字

39

2009 年，美国一份医学期刊报道了与《Wii 运动》相关的受伤案例，其中多数案例是玩家在参与 Wii 网球游戏时动作过于激烈所致。

《马力欧卡丁车8》 6 547万份

《宝可梦：红/蓝/绿/黄》 5 952万份

《超级马力欧兄弟》 4 824万份

《集合啦！动物森友会》 4 338万份

《宝可梦：金/银/水晶》 4 221万份

《宝可梦：钻石/珍珠/白金》 4 034万份

《宝可梦：红宝石/蓝宝石/绿宝石》 3 788万份

《马力欧赛车Wii》 3 738万份

《俄罗斯方块》 3 584万份

关键信息

国家：西班牙
成立时间：1999年
博客数量：800+

62 运营时间最长的游戏播客

《游戏结束》

早在1999年，一群来自西班牙的游戏爱好者——包括大卫·科尔多维拉、阿尔贝特·冈萨雷斯和艾萨克·维亚纳——便开始在他们的广播节目《游戏结束》中讨论各种游戏。该节目最初在德斯皮电台播出，后来成为"最早在网络上发布节目、远早于播客兴起的广播之一"。尽管节目名称中带有"游戏结束"，但相反的是其似乎并没有停播的迹象，依旧活跃在游戏文化的前沿。

趣味知识

在《游戏结束》最早的一期节目（2000年12月30日）中，游戏《街头涂鸦》（Smilebit公司）被选为本周推荐。这款以年轻涂鸦帮派为主题的Dreamcast主机游戏，是**首个采用卡通渲染（cel-shading）技术**（使游戏中的3D图形呈现出手绘般的效果）的游戏。

运营时间最长的英语游戏播客

在过去的20多年里，杰米·萨默斯、马特·怀特曼和罗布·罗伯茨在他们的节目《橙色休息室电台》中，像经历了一晚漫长游戏之旅的朋友围坐在餐馆里闲聊般畅谈各种游戏。该节目于2002年6月23日在网络电台首播，三人于2005年1月正式开设播客，并在同年获得"游戏与爱好"类别的播客奖。2024年4月14日，《橙色休息室电台》迎来了其第1 000期播客。

《橙色休息室电台》（OLR）的三位主持人：罗布·罗伯茨（又称V）、杰米·萨默斯（又称DarkSakura）与马特·怀特曼（又称LOKI）

收入最高的电竞选手

61

约翰·森斯坦（又称N0tail）

N0tail（丹麦）早已成为领奖台上的常客，位居全球最高收入游戏选手之列。尽管自2021年底起他便不再活跃于职业赛场（尚未正式宣布退役），但根据电竞收入排行榜网站eSportsEarnings.com截至2024年4月24日的数据统计，他已从130场赛事中获得高达7 184 163美元（560万英镑）的收入。绝大部分收入源自他作为OG战队核心成员在MOBA类游戏《刀塔2》（维尔福，2013年）中的表现。

单场电子竞技赛事最大奖金池

2021年的国际邀请赛在罗马尼亚布加勒斯特国家体育场举行，赛事的奖金池达到了40 018 195美元（2 900万英镑），最终吸引了18支顶级战队争夺这一丰厚奖赏。这一巨额奖金是通过《刀塔2》玩家在游戏内购买物品而积累的。

N0Tail（中间）与OG战队的其他成员合影

在2019年的国际邀请赛上，N0tail高举奖杯，在这次比赛中，OG战队赢得了1 560万美元（1 270万英镑）的奖金

关键信息
姓名：约翰·森斯坦
战队：OG战队
活跃年份：2011—2021年

惊人数字

25

2019年，年仅25岁的N0tail赢得国际邀请赛冠军，被认为是资深的"老将"。然而，这一纪录在2022年被27岁零180天的伍敬俊（Sneyking，美国）打破，后者成为国际邀请赛历史上**最年长的冠军**得主。

运营时间最长的电竞游戏

《星际争霸》

作为一款标志性的科幻策略游戏，《星际争霸》将玩家带入了鲁星区的浩瀚宇宙，展开了一场人类、星灵与异虫三方势力的生死对决。其中，三大阵营间的力量对比巧妙地呈现出"石头、剪刀、布"般的相互制约关系，彼此间的优势与劣势互为牵制。这种独特的游戏平衡机造就了其引人入胜的多人对战体验，并迅速催生了一个竞争异常激烈的玩家社群，尤其是在韩国。

1998年11月12日，《星际争霸》在职业玩家联盟的赛事中首次亮相，随即便掀起了全球热潮。即便是其续作《星际争霸2》于2010年问世后，《星际争霸》的热度也依然不减，至今仍拥有庞大的玩家群体，历经25载，魅力依旧。

《星际争霸》1998年版（左图）与2017年重制版（右图）的对比

惊人数字

6 116 000

《星际争霸》太空之旅：美国宇航员丹尼尔·巴里将游戏盘带至国际空间站，行程达611.6万千米。

关键信息

首发年份：1998年
开发商：暴雪
发行商：暴雪

《星际争霸2》的电竞选手收入之王

自2012年7月正式踏入电竞赛场以来，芬兰选手乔纳·索塔拉（玩家ID：Serral）仅在暴雪娱乐公司于2010年推出的续作《星际争霸2》便累计获得了高达1 483 291美元（117万英镑）的赛事奖金。其中，28万美元（215 510 英镑）是在2018年暴雪嘉年华期间举办的《星际争霸2》世界锦标赛获得总决赛冠军的奖金（上图展示的是Serral捧起奖杯的珍贵瞬间）。他成为史上首位，也是唯一一位赢得该赛事冠军的非韩国籍选手。

星灵冲锋！

《星际争霸》是一款注重策略与精准战术的游戏，胜利往往取决于玩家深思熟虑的每一步选择。然而，在某些情况下，胜利的天平也会向那些能够迅速部署基础单位的星灵玩家倾斜。这种被称为"星灵冲锋"的策略，其核心在于通过快速生成并部署大量的基础单位，在敌方尚未完全稳固防御之前，给予对手一次决定性的压制。该战术在游戏界被广泛认可为一项经典策略。

速通游戏盛会筹集最多的慈善募款

游戏速通大赛

游戏速通大赛（GDQ）通常每年举办两次，每次活动为期一周。该赛事通过实时在线直播展示各种创意十足的破纪录速通挑战，并在此过程中为多个慈善机构募集善款。

GDQ 系列赛事中的佼佼者包括精彩游戏速通与夏日游戏速通大会。其中，前者筹集的全部善款均捐赠给预防癌症基金会，而后者则致力于支持无国界医生组织。

在 2022 年的精彩游戏速通在线活动结束时，该赛事累计筹得慈善捐款高达 3 442 033 美元（251 万英镑）。尤为值得一提的是，在活动开展的第三天，精彩游戏速通便已迅速筹集到100万美元的善款，刷新了游戏速通活动历史上最快筹款速度的纪录。

单场速通挑战
募款金额创历史新高

在 2019 年夏季举办的游戏速通大会（SGDQ）上，玩家 puwexil 成功完成了《时空之轮》（史克威尔公司，1995 年，左图）的 100% 速通挑战，同时筹集到了高达 885 456 美元（696 946 英镑）的善款，并刷新了相关纪录。此外，其他游戏速通赛事（GDQ 系列）同样取得了显著的筹款成果。例如，在 2017 年的精彩游戏速通（AGDQ）盛会上，玩家们通过挑战经典游戏《超级银河战士》（任天堂，1994 年，左上图）筹集了 794 339 美元（651 680 英镑）。在2022年的精彩游戏速通活动中，针对《三角符文》（Toby Fox，2018年）的速通挑战则筹集了507 930美元（371 093英镑）。

《塞尔达传说：时之笛》"童年关卡"
蒙眼速通最快纪录

在 2015 年举办的精彩游戏速通盛会中，一个突出的亮点是美国玩家 Runnerguy2489 在完全蒙眼的状态下，凭借对游戏漏洞的巧妙利用、声音提示的精准捕捉，以及一系列经过精确计算的侧跳和后空翻动作，在现场观众雷鸣般的欢呼中，完成了 1998 年任天堂经典游戏《塞尔达传说：时之笛》前三个地下城的挑战（参见第 156~161 页）。Runnerguy2489 最终以1 小时 26 分 56.66 秒的成绩，刷新了此项世界纪录。

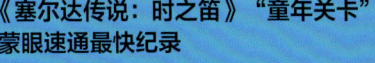

关键信息

首发年份：2010年
总筹集资金：
5 000多万美元

规模最大的第三方 Game Pass 游戏上线

《幻兽帕鲁》

微软公司于 2017 年正式推出了 Xbox 游戏通行证服务，旨在通过月度订阅模式，为广大玩家提供一系列精选游戏的畅玩机会。尽管直至 2024 年 4 月，《我的世界》依然保持着在该服务中最受欢迎游戏的地位，但值得注意的是，Xbox 在线服务平台于 2024 年 1 月 31 日正式宣布，由 Pocket Pair 公司推出的开放世界动物驯养动作冒险游戏《幻兽帕鲁》在其首发之际，创造了令人瞩目的突破性纪录。这款被誉为"持枪宝可梦"的游戏，迅速成为 Twitch 流媒体平台上的现象级作品，仅在首发后的短短 10 天内便吸引了超过 700 万玩家在 Xbox 及 PC 平台上进行体验（参见第 95 页）。

帕鲁帕戈斯群岛的伙伴们

该游戏的吸引力在很大程度上源自其设计独特、创意非凡且兼具古怪魅力的"伙伴"角色。这些角色既展现出可爱的一面，又潜藏着致命的威胁。《幻兽帕鲁》的岛屿生态系统中栖息着超过 100 种形态各异的伙伴，其中尤为引人注目的是下图中全副武装的绵羊——绵悠悠。它们以可爱、毛茸茸的形象示人，显得无害且无辜……直到它们手持机枪。

关键信息

发行年份：2024 年
开发商：Pocket Pair
发行商：Pocket Pair

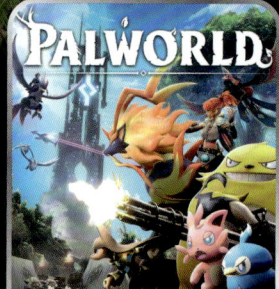

最大的彩色 Game Boy 掌上游戏机

57

"这台庞大的设备由一台高性能的游戏电脑驱动,我在该电脑上部署了 Game Boy 模拟器软件。"

杰克·卡利尼详细阐述了这款巨型掌机的工作原理

杰克·卡利尼打造

关键信息
高度:2.23米
宽度:1.24米
深度:0.61米

Game Boy 是一款设计精巧,几乎能够轻松容纳于口袋之中的掌上游戏设备,当然,这需以口袋尺寸足够为前提。尽管计算机设备已日趋微型化,但仍有部分富有创意的玩家对这一经典掌机进行了重新构想,打造出了足以占据整个房间的巨型版本。

2016 年,比利时工程师伊尔汗·厄纳尔(下图)成功制造出了世界上最大的 Game Boy,其高度达到了 1.01 米。然而,这一纪录在 2022 年被来自美国的优兔博主杰克·卡尔尼尼再次刷新。他制造出了迄今为止最大的彩色 Game Boy 掌上游戏机,其高度达 2.23 米。这一巨型掌机仿佛是为那些假想中"身高 28 米"的玩家量身打造的!

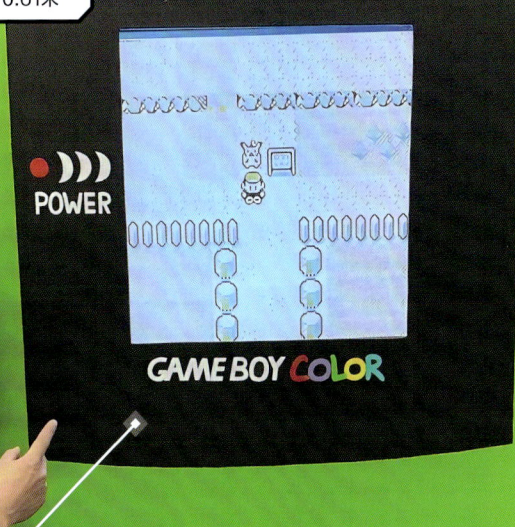

电脑连接至一台极重的等离子电视

杰克利用 Xbox 自适应控制器制作了一个功能齐全的按键系统

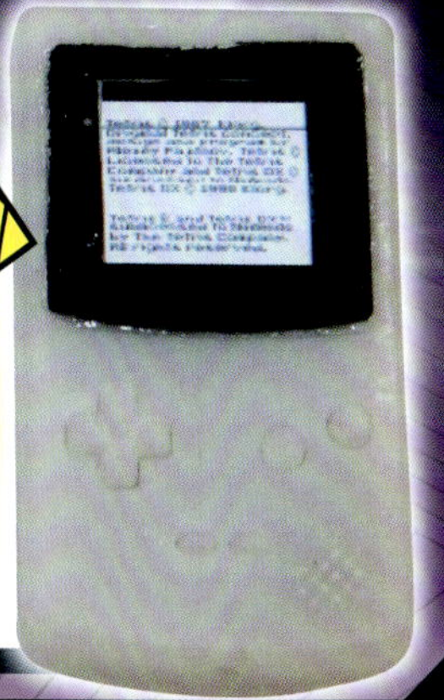

迷你精巧

最小的 Game Boy 游戏机仅 54 毫米长,小巧到足以挂于钥匙链之上,并具备运行一系列经典原版 Game Boy 游戏的能力。荷兰设计师杰伦·东堡在构思并打造这款微型游戏机时,精心挑选了尺寸微小的元件,并将它们整合进了这紧凑的机身结构中。

真实尺寸

专　题

游戏改编的电影

从1993年遭遇口碑滑铁卢的《超级马力欧兄弟》影片到2023年广受赞誉的《超级马力欧兄弟大电影》，电子游戏改编的电影作品已成功吸引数百万游戏玩家涌入影院。他们热切期盼在宽广的银幕上见证自己钟爱的虚拟世界的生动再现。在此背景下，吉尼斯世界纪录的游戏专家韦斯利·尹-普尔依据The Numbers数据平台提供的票房统计数据及烂番茄网站上的评分信息，为你深度剖析十部经典游戏改编电影的成败得失。鉴于好莱坞电影品质长期以来的波动性，当前我们是否正步入一个游戏改编大片的黄金时期？此问题尚待时间的检验与证明……

2 100万美元 （1 400万英镑）	9 900万美元 （6 300万英镑）	1.04亿美元 （7 000万英镑）	2.73亿美元 （1.88亿英镑）	2.97亿美元 （2.38亿英镑）
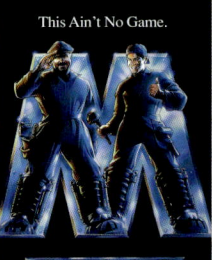		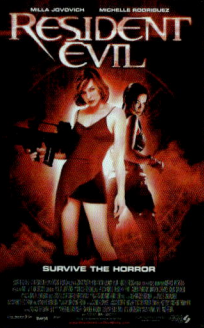	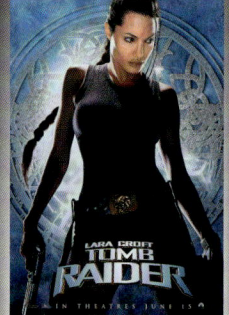	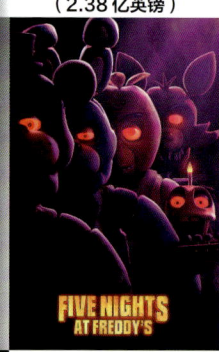
《超级马力欧兄弟》 （1993年）	**《街头霸王》** （1994年）	**《生化危机》** （2002年）	**《古墓丽影》** （2001年）	**《玩具熊的五夜惊魂》** （2023年）
作为好莱坞首次尝试将经典游戏《超级马力欧兄弟》搬上大银幕的电影，几乎未获得任何正面的评价。糟糕的剧本和生硬的表演使得这部电影成为了经典的"反面教材"。在片中饰演马力欧一角的主演鲍勃·霍斯金斯（已故），曾将拍摄经历形容为一场"噩梦"，并直言这部电影是他职业生涯中参与过的最为糟糕的作品之一。	这部命运多舛的《街头霸王》被认为是史上最糟糕的电子游戏改编电影之一。在该片中，尚格·云顿饰演的古烈与独裁者拜森展开了激烈的对决。鉴于原游戏本身缺乏丰富的叙事内容，该电影的失败似乎也就不足为奇了！	《生化危机》电影由保罗·安德森编剧并执导，米拉·乔沃维奇在该剧中担纲主演，饰演女主角爱丽丝。该电影在评论界口碑不佳，但受到了粉丝的欢迎。安德森编剧或执导的6部《生化危机》电影在全球范围内的票房累计达12亿美元（9.5亿英镑）。	在艾丽西亚·维坎德于2018年《古墓丽影》重启版中出演劳拉·克劳馥角色之前，安吉丽娜·朱莉已凭借其在原版《古墓丽影》电影中精湛的演技成功打破了好莱坞的票房纪录。该电影是基于英国著名的电子游戏系列改编而成的一部传统冒险题材影片，朱莉在片中出色地塑造了克劳馥这一兼具智慧与勇气的女性英雄形象。	艾玛·坦米执导的恐怖独立游戏改编电影《玩具熊的五夜惊魂》，虽然在影评界未能赢得广泛赞誉，却在观众群体中取得了显著的成功。该影片延续了原游戏的核心情节，讲述了一名夜班保安在一家废弃的比萨店内与一群在夜晚复活的机械怪物进行殊死搏斗的惊险故事。
 29%	11%	 35%	 20%	 32%

烂番茄网
截至2024年1月17日
基于美国市场的所有电影

神曲《碧姬公主》

在《超级马力欧兄弟大电影》中，酷霸的专属情歌《碧姬公主》一经发布便迅速赢得了广大听众的喜爱，并成功跻身美国《公告牌》百强单曲榜的第56位。这首歌曲由酷霸的配音演员杰克·布莱克（左图）倾情演绎，标志着他个人音乐生涯中首次有单曲入围该榜单。尽管酷霸在影片中通常以粗鲁强硬的形象示人，然而，我们不禁要问，这份独特的情感表达是否能够触动碧姬公主的心弦。

| 3.02亿美元（2.23亿英镑） | 4亿美元（3.32亿英镑） | 4.28亿美元（3.27亿英镑） | 4.38亿美元（3.56亿英镑） | 13亿美元（10亿英镑） |

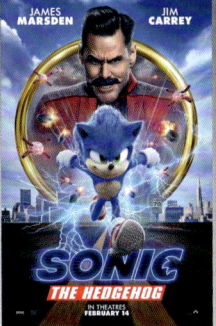 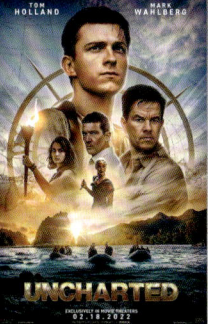 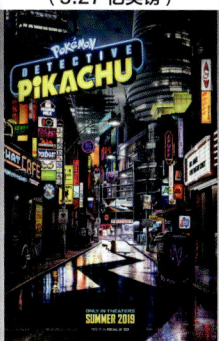 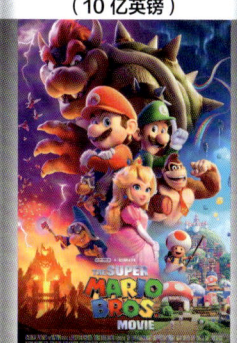

《刺猬索尼克》（2020年）
世嘉公司认为，金·凯瑞对蛋头博士的精彩演绎，以及本·施瓦茨为CGI版索尼克配音的出色表现，成功扭转了影片《刺猬索尼克》初期遭遇的负面评价，使这部电影成为索尼克这一标志性游戏角色的复兴之作。最终，该作品赢得了广大玩家的认可。

《神秘海域》（2022年）
尽管在电影《神秘海域》中汤姆·赫兰德饰演的内森·德雷克与马克·沃尔伯格饰演的维克托·苏利文在选角上备受争议，该影片仍然成功地将顽皮狗工作室的经典冒险游戏呈现于大银幕上。特别是影片中货机场景的刻画，仿佛引领观众，重新沉浸于2011年发布的《神秘海域3：德雷克的欺骗》之中。

《宝可梦：大侦探皮卡丘》（2019年）
首部真人版《宝可梦》电影特邀知名演员瑞安·雷诺兹为机智过人的超级侦探皮卡丘配音，该片叙述了一段在超现实世界中解开重重谜团的精彩故事。Niantic 公司于2016年推出的游戏《宝可梦 GO》还特别推出了限量版"侦探"皮卡丘，以此向该电影致敬。

《魔兽》（2016年）
由英国导演邓肯·琼斯执导的电影《魔兽》在上映前便备受期待。这是一部采用CGI技术的大作，旨在依托暴雪公司旗下热门游戏《魔兽世界》（2004年）的显著成功吸引广大观众的目光。然而，影片叙事节奏拖沓冗长，战斗场景的呈现未能充分展现艾泽拉斯世界的奇幻魅力。

《超级马力欧兄弟大电影》（2023年）
最新上映的《超级马力欧兄弟大电影》取得的成功甚至超出了任天堂公司的预期。影片中，克里斯·帕拉特为马力欧的生动配音，以及杰克·布莱克为酷霸角色的精彩演绎，共同铸就了这部作品在电子游戏改编电影票房上的冠军地位。

🍅 63% | ❇ 40% | 🍅 68% | ❇ 29% | ❇ 59%

56 任天堂 Switch 平台上最畅销的游戏

《马力欧卡丁车8 豪华版》

截至 2024 年 1 月 1 日的统计数据显示，《马力欧卡丁车 8 豪华版》的累计销量已高达 6 058 万份。该作品不仅成为任天堂 Switch 平台上的销量冠军，也超越了其他平台的同类游戏，成为最畅销的卡丁车竞速游戏。该游戏是 Wii U 平台上原版《马力欧卡丁车 8》的增强版。2022—2023 年，《新增赛道通行证》扩展包陆续发布，新增了 48 条赛道与 8 个角色。回溯至 1992 年，《超级马力欧卡丁车》首次在 SNES 平台上亮相，便开启了这一系列的辉煌历程。《马力欧卡丁车》系列已成为最畅销的卡丁车竞速游戏系列，总销量已达 1.8215 亿套。

关键信息
发行年份：2017年
开发商：任天堂
发行商：任天堂

实用技巧

在豪华版游戏中，超级喇叭被设计为一项极为实用的道具。其功能性不仅体现在能够释放冲击波使其他赛车手翻车，更重要的是它具备了一项至关重要的防御能力——能够有效抵御来自蓝龟（即刺刺龟壳）的强力攻击。蓝龟具有追踪并攻击当前排名第一赛车手的能力，当其以高速逼近玩家时，启动超级喇叭即可将其摧毁。让玩家忍不住大喊一声："太棒了！"

Switch平台最畅销游戏

游戏名称	销量
《马力欧卡丁车8 豪华版》	6 058万套
《集合啦！动物森友会》	4 479万套
《任天堂明星大乱斗：特别版》	3 367万套
《塞尔达传说：旷野之息》	3 161 万套
《超级马力欧：奥德赛》	2 765万套

数据来源：任天堂，截至2024年1月1日。

关键信息
发行年份：1991年
开发商：任天堂
发行商：任天堂

1991年校园挑战赛冠军：史蒂文·卢卡斯（左）

最稀有的任天堂游戏 55

任天堂校园挑战赛

1991年，任天堂公司特别为美国各大高校举办的一项竞赛定制了一批限量版电子游戏卡带。每一份卡带均包含《超级马力欧兄弟3》（1988年）、《星际弹珠台》（1990年）以及《马力欧医生》（1990年）三款经典游戏中的单一关卡，参赛学生需在这些关卡中竞相角逐以获取最高分数。竞赛结束后，所有为本次活动特别定制的游戏卡带均按照计划被销毁，唯有一例被任天堂内部员工私自留存。2006年，这张珍贵的卡带现身于一个跳蚤市场，并被知名收藏家JJ·亨德里克斯收入囊中。该卡带于2009年再易其手，交易金额高达20 100美元（12 350英镑），此后，这张卡带便再无确切音讯。

最稀有的街机游戏

在1981年《咚奇刚》风靡街机市场之际，任天堂公司正致力于开发一款名为《天空船长》的游戏。为了评估该游戏的市场反响，任天堂限量生产了一系列街机机柜，并在日本与美国的街机厅中进行了投放测试。遗憾的是，这款游戏未能达到预期的市场接受度，最终未能实现正式发行。截至目前，唯一尚存的《天空船长》街机机柜被妥善保存在任天堂美国分公司的仓库内。不过，2017年，一群街机游戏收藏家利用原始的《天空船长》电路板在美国成功复制了一台该游戏的街机机柜。

54 销售最快的任天堂游戏

《塞尔达传说：王国之泪》

作为 2017 年备受赞誉的《塞尔达传说：荒野之息》的续篇，玩家们对《塞尔达传说：王国之泪》这场即将展开的全新海拉鲁冒险充满了更高期待，这股热潮最终推动《塞尔达传说：王国之泪》——设定于塞尔达系列时间线末端的游戏——在 2023 年 5 月发售的前三天，销量便突破了 1 000 万份。尽管前一年《宝可梦：朱·紫》与《宝可梦：紫罗兰》的双版本发售策略使其在首日销量上取得了更为亮眼的成绩，但《王国之泪》的这一非凡成就依然令人瞩目。欲深入了解塞尔达宇宙的更多信息，可参阅本书第 156~161 页。

该游戏在发布后 72 小时内即实现了 1 000 万份的销售佳绩

在纽约举行的午夜发售活动中，特别定制了一辆以"塞尔达"为主题的巴士

关键信息
发行年份：2023 年
开发商：任天堂
发行商：任天堂

⚠ 实用技巧

在踏上广阔无垠的海拉鲁大陆及探索未知世界的旅程之前，务必确保自身配备了适宜的工具与装备，因此，首要任务是完成游戏的主线剧情。随后，你将获得滑翔翼——在游戏进程中至关重要的装备，特别是在游戏后期阶段。此外，务必记得激活你在旅途中遇到的每一座神庙，它们将有效加速你的旅程。

林克激战尊内兵械构装体 3

《任天堂明星大乱斗：特别版》

林克这一角色不仅亮相于《塞尔达传说：王国之泪》之中，更在任天堂另一款销量迅猛增长的游戏《任天堂明星大乱斗：特别版》（2018 年）中多次出现。作为任天堂 Switch 平台的一款热门游戏，《任天堂明星大乱斗：特别版》汇聚了马力欧、路易吉、皮卡丘、星之卡比以及林克在内的众多经典游戏角色，使得玩家们能够组建出各种令人惊叹的阵容，并展开一系列对战。该游戏在发售后的短短 24 天内，销量便达到了 1 200 万份。

最长的游戏剧情 53

《女神异闻录5 皇家版》

明智吾郎，别名 Crow，身着王子礼服，英姿飒爽，气度非凡。

《女神异闻录》系列游戏以其宏大的叙事结构而著称，该系列巧妙地将史诗级奇幻冒险与细腻的高中生活剧情相互交织。2019 年，开发商阿特拉斯在 2016 年发布原作《女神异闻录5》的基础上，进一步丰富了游戏内容，推出了皇家版。即使玩家仅仅匆匆体验主线剧情，略过恋爱剧情与支线任务，并且未深入欣赏游戏中精彩纷呈的原声音乐，完成该游戏的平均时间也达到 101 小时。若玩家选择偏离主线，深入探索各类支线任务，则游戏总时长将飙升至 142 小时，即接近 6 天的游戏时间！

另一部游戏《怪物》

虽然时长不及《女神异闻录5 皇家版》，但角色扮演游戏《怪物猎人：自由联合》（卡普空，2008 年）依然需要玩家投入约 98 小时才能体验完全部故事情节。值得注意的是，有 4 款《怪物猎人》系列游戏均进入十大最长游戏时长榜单。对于倾向于探索游戏中每一寸空间的完美主义玩家而言，这 4 款游戏将总共消耗他们整整 87 天的时间。显然，追踪体型庞大且凶猛的怪兽绝非一项能够迅速完成的任务！

惊人数字 13

完成动作冒险游戏《鬼屋魔影》（英宝格，1993 年）所需的最少步骤数是 13。该游戏以最短的动作冒险游戏而著称，与上述那些具有史诗般长度的游戏形成了鲜明对比。

关键信息
发行年份：2019年
开发商：阿特拉斯
发行商：世嘉

52 最大的街机游戏机

《咚奇刚》

这部1981年由任天堂推出的经典街机游戏《咚奇刚》的巨型复刻版，堪称宏伟之作，其高达19英尺4英寸（5.89米），宽达7英尺5英寸（2.26米），被匠心独运地悬挂于美国纽约州罗切斯特市的斯特朗国家玩具博物馆的两层楼之间。此次巨型游戏机的制作得益于任天堂美国分公司的慷慨协助，并特别采用了与原版《咚奇刚》相同的游戏主板。相较于20世纪80年代风靡一时的原版街机，此巨型复刻版的机柜体积竟膨胀至原先的372%。

关键信息
发行年份：2023年
屏幕：5英尺（1.52米）
地点：美国

最大的《吃豆人》街机

2016年，万代南梦宫与街机公司Raw Thrills强强联手，创造了一款颠覆传统的最大的《吃豆人》街机。这台街机有高2.67米、宽1.71米、面积达4.5平方米的巨型屏幕。玩家通过连接到屏幕的控制台进行游戏。

最大的《俄罗斯方块》街机

这款最大的《俄罗斯方块》街机游戏机高4.9米，宽1.98米。该机由西班牙著名的MadLab娱乐公司精心设计与制造，如今巍然屹立于萨拉戈萨市的拉托雷奥莱购物中心。

若要游玩这款游戏，玩家需先购买一枚特制的巨型游戏币，并将其投入那同样硕大的投币口中，随后踏上阶梯一步步接近那些超大号的游戏按钮。

Kickstarter平台筹资最多的5款游戏

《莎木3》	6 333 295美元
《赤痕：夜之仪式》	5 545 991美元
《百英雄传》	4 673 143美元
《折磨：扭蒙拉之潮》	4 188 927美元
《永恒之柱》	3 986 929美元

数据来源：众筹平台Kickstarter，截至2024年1月26日。

Kickstarter 平台筹资额最高的游戏 ◆51◆

《莎木3》

在千禧年初，前两部《莎木》动作冒险游戏成为一代经典。然而，由于市场表现未能达到预期，该系列的后续开发计划被迫搁浅。2015年，面对传统发行商的冷漠与忽视，该系列的导演铃木裕毅然决定向支持该系列的忠实粉丝寻求帮助。铃木裕在众筹平台Kickstarter上发起了一场众筹活动。这场活动迅速打破了**电子游戏领域认捐100万美元最快**的纪录，最终筹集到633万美元（405万英镑）的巨额资金，为延续这一传奇故事注入了强劲动力。

关键信息
发行年份：2019年
开发商：Ys Net
发行商：Deep Silver

惊人数字
69 320

69 320名热忱的玩家慷慨解囊，共同为《莎木3》在Kickstarter平台上的众筹项目贡献力量！作为回馈，每一支持者都获得一张珍贵的虚拟电话卡，这张卡片赋予他们与《莎木1》《莎木2》中经典角色进行通话的机会。

50 在 PlayStation 平台上获得白金奖杯最多的游戏

《漫威蜘蛛侠》："超越伟大"

PlayStation 平台会向完成特定任务或树立重要游戏里程碑的玩家颁发游戏内奖杯。一旦玩家集齐全套奖杯，即可赢得至高荣誉——白金奖杯。2018 年，由失眠组推出的《漫威蜘蛛侠》，在白金奖杯获得数量的排行榜上独占鳌头（右图）。截至 2024 年 4 月 24 日，已有 379 725 名玩家成功解锁了该游戏的"超越伟大"白金奖杯。

欲了解更多关于**获得最多奖杯的游戏**详情，请翻阅本书第 26 页。

10《刺客信条2》"大师刺客"奖 170 843

9《对马岛之魂》"传奇重生"奖 172 111

8《血源诅咒》"血源"奖 209 210

7《蝙蝠侠：故事版》"我是蝙蝠侠"奖 180 737

6《宇宙机器人 无线控制器使用指南》"你只做了所有事情"奖 220 454

5《恶名昭彰：次子》"享受你的力量"奖 239 059

4《火箭联盟》"大师"奖 242 712

3《战神》"父与子"奖 273 027

2《地平线：零之曙光》"所有奖杯"奖 288 044

1《漫威蜘蛛侠》"超越伟大"奖 379 725

惊人数字
35 494 331

截至 2024 年 4 月 24 日，玩家们在《漫威蜘蛛侠》游戏中获得的奖杯总数为 35 494 331。其中，完成主线剧情而荣获"终章"奖杯的数量达到了 651 015。

关键信息
奖杯：超越伟大
开发商：失眠组
发行商：索尼

如需了解更多关于蜘蛛侠的纪录，请翻阅本书第 21 页和第 32 页。

最热门的游戏（按月活跃用户计算）

《我们之中》

2018年，《我们之中》这款以太空为主题的社交推理游戏在安卓与苹果平台上免费推出，但在新冠肺炎疫情爆发前却鲜有人关注。2020年，各国纷纷实施隔离封锁之际，这款游戏的受欢迎程度飙升。同年11月，《我们之中》已吸引了5亿玩家在其中探索，并在Twitch平台上创造了超过12.2亿次的观看奇迹。

趣味知识

2021年，一场匪夷所思的拍卖在eBay上演。一块据称酷似《我们之中》游戏角色的麦当劳鸡块，最终以99 997美元（70 709英镑）的天价成交，令人咋舌。这场拍卖从区区99美分（70便士）起步，却一路飙升，总共进行了184次激烈竞价。卖家塔维安·S.埃雷拉表示，为了确保这块"珍品"的新鲜度，他们将其冷冻并真空密封空运。

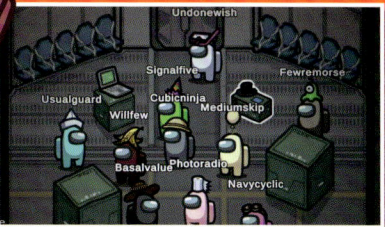

《我们之中》动画版即将登场

《我们之中》即将以崭新姿态降临银幕！CBS工作室与游戏巨擘Innersloth强强联手，倾力打造《我们之中》动画系列。这部备受期待的作品，将延续同名热门游戏的核心主题：在浩瀚宇宙中飞驰的太空船上，船员们运用智慧与洞察力，揭穿潜伏其中的神秘冒牌者。该项目由欧文·丹尼斯担任主创，他曾是卡通频道备受好评的动画剧集《无尽列车》（2019—2021年）的缔造者。

INCOMING..

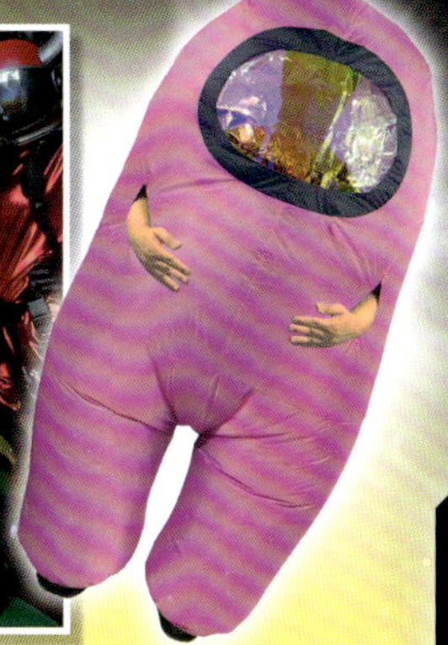

简约装扮

《我们之中》船员角色的极简造型和独特风格，激发了全球cosplay爱好者的创意灵感。Instagram网红塔特·杰茜·威尔斯就是其中的代表之一。2020年11月，她与一群身着五彩缤纷服装的朋友们欢聚一堂，共同演绎了游戏中的角色（上图，杰茜身着橙色装扮）。不仅如此，卡普玩具公司还推出了官方授权的充气服装（右上图），为cosplay爱好者们提供了更多选择。

关键信息

发行年份：2018年
开发商：Innersloth
发行商：Innersloth

NEWHAPPY

关键信息
国家：中国
奖项金额：3.2159亿美元

趣味知识
王淳煜是中国最成功的电竞选手，同时也是从单项游戏（《刀塔2》）中获奖最多的电竞运动员。他个人赢得的奖金达420万美元。王淳煜出生于1997年4月7日，自2015年起活跃于电竞领域，目前签约于中国战队"养乐多兄弟"。

48 电竞奖金累计收入最高的国家

中国

根据电子竞技收入统计网站 Esports Earnings 的数据，截至2025年2月5日，中国职业电竞选手在所参与的4 936项赛事中表现卓越，累计斩获的奖金高达3.2159亿美元。凭借这一优异成绩，中国成功超越美国（2.89亿美元）与韩国（1.53亿美元），荣登全球电竞奖金排行榜首位。值得关注的是，在全球范围内，目前仅有中国、美国和韩国这三个国家的选手累计奖金突破了1亿美元。

中国电竞选手斩获奖金最多的游戏

对中国电竞选手来说，最吸金的游戏非《刀塔2》莫属。这款由维尔福软件公司于2013年发行的游戏，让中国选手在相关赛事中累计斩获了高达8 577万美元的奖金。其中，2016年在美国西雅图举办的《刀塔2》国际邀请赛是中国选手收入最高的单项赛事，中国战队在该赛事中赢得了1 068万美元，占赛事总奖金池2 077万美元的一半之多。值得一提的是，这也是电竞史上首个奖金池超过2 000万美元的赛事。

惊人数字

420万

Esportsearnings 网站记录了9 096名中国电竞选手的奖金收入情况。中国收入最高的选手，是王淳煜（玩家ID：Ame），他的奖金总收入达到了420万美元。

最畅销的农场生活模拟游戏

《集合啦！动物森友会》

在新冠肺炎疫情肆虐初期，人们普遍感到压力重重。此时，在备受欢迎的《动物之森》系列中，任天堂推出的这款新作《集合啦！动物森友会》便成为众人心灵的慰藉。在游戏中，玩家可以在一个僻静清丽的小岛上建造自己的动物伙伴社区。所以，这款游戏一经推出，任天堂 Switch 游戏机便迅速脱销。事实证明，《集合啦！动物森友会》大受欢迎，截至 2024 年 1 月 1 日，这款游戏的销量已高达 4 479 万份，成为任天堂 Switch 平台上销量第二的游戏，仅次于 2017 年的《马里欧卡丁车 8 豪华版》（详见第 70 页）。

关键信息
发行年份：2020年
开发商：任天堂
发行商：任天堂

惊人数字
1 120万
根据游戏数据库发布的数据，截至 2022 年 2 月，《集合啦！动物森友会》在日本的销量达到了 1 120 万份，使其成为日本历史上最畅销的游戏。

《动物之森》单人最快100%完成纪录

2023 年 4 月 9 日，美国玩家 Mp16 仅用 16 小时 28 分 19 秒便完成了任天堂的社交模拟游戏《动物之森》的全部内容。回顾这段经历，他感慨道："这 16 小时里我全神贯注，用 5 小时重建小镇，花费两周精心筹备，最终一举完成。这真是一段难忘的经历！"不仅如此，Mp16 还在游戏中创造了其他几项令人瞩目的纪录：最快获得金色钓鱼竿（53 分 58 秒）、最快获得金虫网（39 分 6 秒），以及最快还清所有债务（33 分 34 秒）。

Steam平台上评分最高的模拟游戏

《星露谷物语》这款备受青睐的游戏，2016 年由独立开发商 ConcernedApe 推出。截至目前，它已经售出了逾 2 000 万份，成为农场模拟游戏中销量第二的佳作。更令人瞩目的是，它在 Steam 平台上获得了高达 97.36% 的好评率，不仅成为平台上最受欢迎的模拟游戏，更是整体排名第三的高评分游戏，累计收获超过 68.5 万条玩家好评。

"我的收藏室配备了专用空调。恒温控制是必不可少的。"

安东尼奥·罗梅罗·蒙泰罗

关键信息

首款游戏：《战斧》
（世嘉公司，1989年）
收藏价值：210万美元
（170万英镑）

46 最大规模的电子游戏收藏

安东尼奥·罗梅罗·蒙泰罗

截至2021年的最后一次统计，美国游戏发烧友安东尼奥拥有令人叹为观止的24 268件游戏珍藏，涵盖了游戏卡带、软盘、CD-ROM和DVD。这些藏品不仅被他精心编目，更是被小心翼翼地陈列在他位于得克萨斯州的恒温收藏室中。此外，他还保持着 **Xbox、PlayStation、任天堂和世嘉系统最大规模的游戏收藏** 的单独纪录。安东尼奥感慨道："随着我的藏品不断增加，空间变得愈发紧张。有时，这就像是在玩一场现实版的《俄罗斯方块》。"

"我最钟爱的游戏莫过于超任版（SNES）《超级恶魔城4》"

游戏宇宙中最多的星球

《无人深空》

《无人深空》是游戏界的一部宏伟"史诗"。在这款太空冒险游戏中,玩家可以探索 18 446 744 073 709 551 616 颗行星,每一颗都是独一无二的星球!Hello Games 打造的这个宇宙采用程序化生成技术,这意味着每个恒星系统,包括系统内每颗适居行星上的外星动植物,都是通过一套随机元素工具包即时组合而成的。在这款游戏中,天空不再是极限,它仅仅是探险旅行的起点……

从过去汲取灵感

《无人深空》的视觉效果深受美国科幻作家艾萨克·阿西莫夫的作品及其书籍封面艺术的启发。游戏的缔造者、导演肖恩·马瑞在发布前曾满怀希冀地表示:"我们希望能够点燃哪怕一位玩家心中的阅读火花,让他去翻阅那些原本可能被尘封在时光角落的科幻经典。"

惊人数字

5 850亿年

就算是你每秒钟探索一个新星球,仍需耗费 5 850 亿年的漫长时光,才能穷尽《无人深空》中的所有星球之秘!

关键信息

发行年份:2016年
开发商:Hello Games
发行商:Hello Games

44 最受欢迎的虚拟宠物应用程序

《会说话的汤姆猫家族》

会说话的汤姆可不只是一个普通的虚拟宠物，他更像是你随身携带的贴心伙伴。他不仅能和你聊天（自然了），还会时不时驾驶小飞机出去兜风。随着汤姆的日渐长大，他及其小伙伴们愈发需要玩家的援助，共同完成一系列妙趣横生的小任务。

这款游戏起初仅作为一款简单的手机游戏问世，玩家只需对着麦克风发声，汤姆便会惟妙惟肖地模仿。没想到，它迅速在网上走红，赢得了无数粉丝的青睐。时至今日，《会说话的汤姆猫家族》系列已涵盖超过 20 款游戏，每月活跃用户数高达 4.7 亿。汤姆在优兔上的人气更是爆棚：截至 2024 年 4 月，其最初发布的一支预告片观看次数已突破 3.43 亿，创下了**史上应用预告片观看量最高的纪录**。

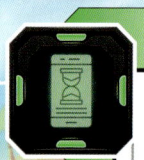

关键信息

发行年份：2010年（《会说话的汤姆猫》）
开发商：Outfit7
发行商：Outfit7

汤姆猫被戳次数之最

在游戏中，戳汤姆猫几乎成了一种日常消遣。有位超级粉丝甚至创造了惊人纪录，一年内竟然戳了汤姆猫 130 534 次，这相当于他平均每小时要戳 15 次！面对如此频繁的"热情"互动，汤姆只能无奈地回应："我也想反过来戳你一下……"想要释放压力？让汤姆猫吃辣椒是个不错的选择。不过，每天得让汤姆猫吃 270 万根辣椒！这可得提前确认厕所是空的哦！

🔓 趣味知识

通过五季精彩纷呈的动画冒险系列《会说话的汤姆家族》，汤姆猫成功俘获了更多观众的心。2014—2021 年，该系列在优兔及全球各大电视频道上累计播出了 156 集精彩内容，深受粉丝们的喜爱。

2023 年，恰逢《我的会说话的汤姆猫》十周年庆典之际，这一盛事吸引了超过 4 900 万名粉丝参与，成为该系列迄今为止规模最大的数字庆祝活动。

首位触发《俄罗斯方块》（NES版）"杀屏"的玩家

威利斯·吉布森

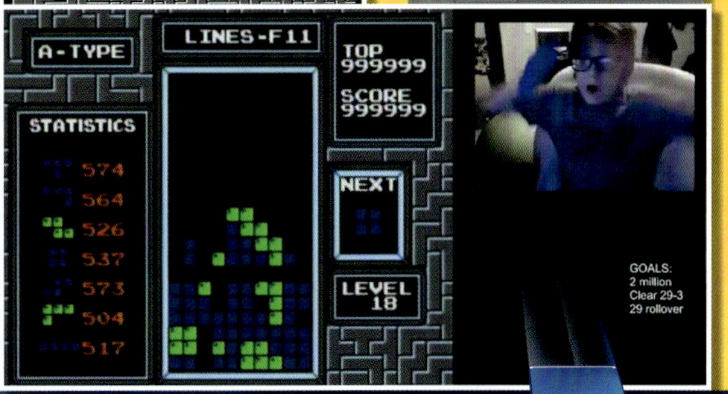

自初版《俄罗斯方块》问世以来（详见第142~143页），历经数十年，一条颠扑不破的"真理"始终贯穿于游戏世界——游戏始终是最终的胜利者。即便是最顶尖的玩家，也难逃被倾泻而下的方块洪流所吞噬的宿命。然而，这一局面在2023年12月21日被彻底颠覆，年仅13岁的"蓝色巨星"威利斯·吉布森成功闯入第157关，甚至因积分过高而使游戏系统崩溃。

多年来，人们普遍认为第29关是游戏难以逾越的天堑，因为从这一关开始方块的下落速度骤然加快，远远超出了玩家在屏幕上操控它们的极限。然而，一众顶尖玩家开发出了一系列独特的技术与策略，成功地突破了这一瓶颈（详情参见下文）。

开启"轮指"竞技艺术

威利斯采用了由玩家克里斯托弗·马丁内斯（玩家ID：CheeZ）首创的"轮指"技术。这项技术不仅要求玩家具备超凡的反应速度，还对手指的灵活性有着极高的要求。通过迅速轻击手柄背面的按钮，玩家能够实现每秒数百次的精准按键操作。威利斯在右手特意佩戴了一只专业手套，以有效减少操作过程中的摩擦。

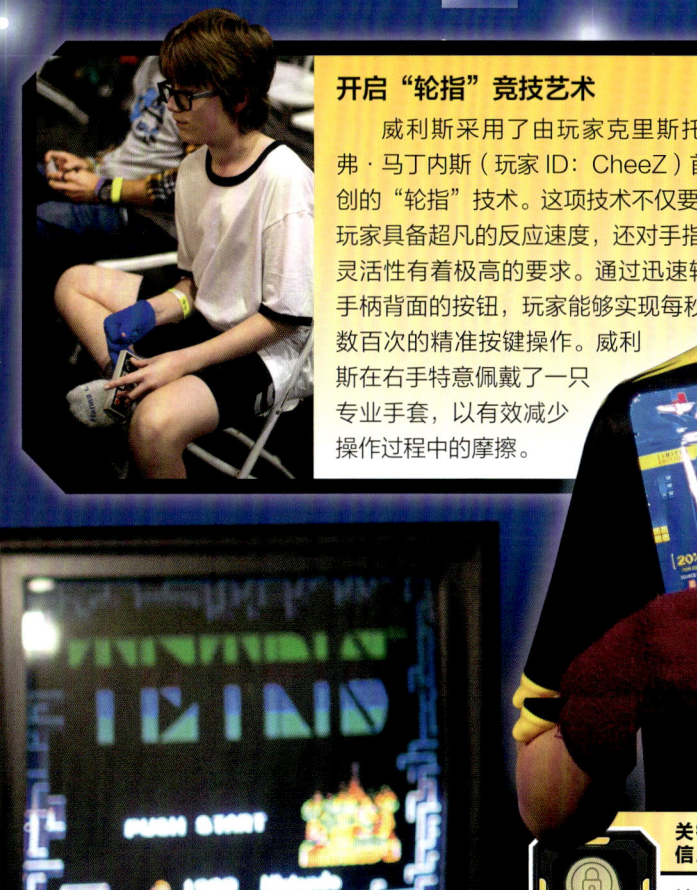

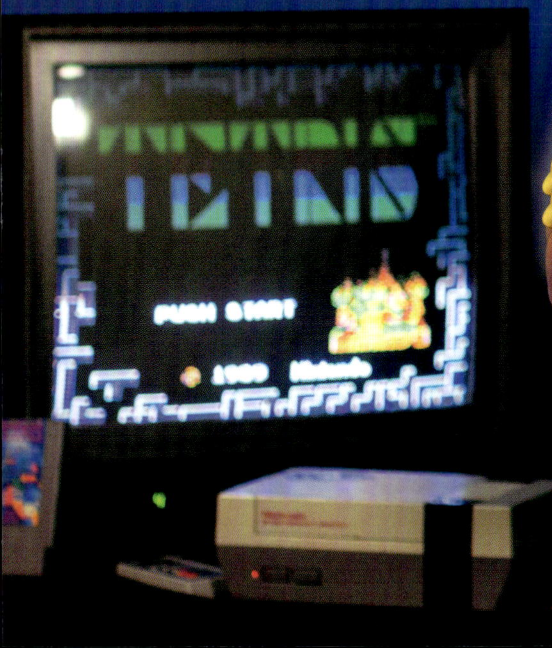

关键信息

姓名：威利斯·吉布森
出生日期：2010年1月27日
地点：美国俄克拉荷马州斯蒂尔沃特市

专题

电子游戏中的宇宙飞船

首款以飞船为核心主题的电子游戏，可追溯至1962年诞生的经典之作《太空大战》（右图）。自那之后的60年里，科技的日新月异不仅催生了无数独具匠心的游戏设计，还带来了形态万千的各式飞船。在此，皮埃尔·萨拉德（又名@The Spaceshipper）带领大家一同鉴赏10款极具代表性的游戏飞船。

1
"小蜜蜂"号
《小蜜蜂》
（1979年）

作为《星球大战》（1977年）中Y翼战机的"远亲"，"小蜜蜂"作为电子游戏史上第一艘彩色飞船在游戏中大放异彩。这款游戏的另一亮点则在于其独特的星空背景滚动设计，这一创意使得即便飞船静止不动，也能营造出一种生动的动感。

2
"乌木鹰"号
《星球大战：旧共和国骑士》
（2003年）

由Bioware公司倾心打造的这款角色扮演游戏《星球大战：旧共和国骑士》满足了无数老粉的夙愿，为他们呈现了一艘将交通工具与温馨居所融为一体的飞船——"乌木鹰"号。此艘独特的不对称动力轻型货船，设计巧妙，内饰精致，搭载了可伸展的炮塔，内嵌星系地图，专为机组人员设计了隐秘走私舱，还设置了一间能够存放一辆小型车辆的车库。

3
"眼镜蛇"MK3型
《精英》
（1984年）

20世纪80年代，Acornsoft公司推出了一系列经典太空飞行游戏，其中，一艘标志性的入门级飞船在宣传材料和菜单界面均占据了醒目位置。这款多功能"眼镜蛇"飞船，采用流线型的飞翼设计，历经岁月变迁依然魅力不减。而且，《精英》这款游戏采用了开放式世界架构和3D线框图形技术，成为一代太空探索者心中的经典之作。

4
掠夺者
《行星边际2》
（2012年）

这款反重力对地战斗机被资深飞行员亲昵地称作"飞砖"，是新联邦麾下最为迅猛的尖端战鹰。"掠夺者"以其超强火力系统、卓越飞行速度与极致机动性巧妙克服了其庞大体型易成靶点的弊端。

5
库申母舰
《家园》
（1999年）

历经数十载的精心建造，这艘由尖端控制论技术铸就的"库申母舰"，成为希格拉（Hiigara）星球幸存者最后的避难所。它既是家园，也是军事指挥中心，更是巨型工厂。这艘垂直设计的巨型战舰，如同无垠宇宙中闪耀的灯塔。

84

6	7	8	9	10
"边疆"号	ARWING飞船	飞船	同盟侦察护卫舰	刺针"螳螂"号
《星空》 （2023年）	《星际火狐》 （1993年）	《星际拓荒》 （2019年）	《命运》 （2014年）	《星球大战：绝地陨落的武士团》 （2019年）
"边疆"号是贝塞斯达开发的角色扮演游戏中的一艘标志性初始飞船。这艘全模块化老式"探索级"飞船出自新星银河（Nova Galactic）之手，为玩家提供了一个可移动堡垒。设计师们从《星球大战》中过时的"千年隼"号中汲取了灵感，并结合了其他电影中造型更为优雅的飞船元素。	Arwing飞船凭借其流线型设计让初尝3D游戏魅力的超级任天堂玩家欣喜若狂。这艘飞船拥有卓越的机动性，能够瞬息之间实现加速与减速的自如切换。Arwing飞船的命名灵感来源于其标志性的三角形"A"字形构造，时至今日，它仍是特技飞行方面最为出色的飞船之一。	飞船的实用性并不囿于其外观是否彰显未来气息。试问，有何比驾驶一艘亲手打造的木质飞船更能成为探索太阳系的绝佳途径呢？诚然，此飞船由各式零部件组合而成，然而，它却搭载了一项非凡的装置——一台能够详尽记录探险历程中所有发现的精密计算机。	2017年，Bioware与Bungie合作推出了一次跨界联动，使《命运》玩家有机会在游戏中获取一艘融合了《质量效应》艺术风格的飞船，而这艘飞船正是赫赫有名的"诺曼底号"。Bungie接手了这项任务，对这艘受到"协和式"飞船设计启发的飞船进行了线条上的优化。	"螳螂"号这艘豪华游艇令人不禁回想起共和国巅峰时期的无上辉煌，其设计风格与"千年隼"号及其同类舰船迥然不同。然而，它依然是船员们心之所向的温馨家园，内设有充满20世纪70年代风格的厨房与客厅。这艘风格独特的飞船，为反抗帝国的战斗增添了一抹亮色。

首款跨平台游戏

《太空大战》

《太空大战》诞生于20世纪60年代初，由史蒂夫·拉塞尔在一群满怀激情的黑客伙伴帮助下编程设计而成。该游戏首次在美国马萨诸塞州坎布里奇市的麻省理工学院计算机实验室内于一台崭露头角的PDP-1计算机（下图）上成功运行。此后，这款充满挑战的双人对战太空射击游戏迅速在当地的学生群体中赢得了广泛的青睐。毕业后，他们各奔东西，踏入了各自心仪的高等学府深造。在此过程中，他们也将《太空大战》的代码带到了新的环境，并使之成功适配于他们所接触的各式计算机。不久之后，这款游戏便能在其他14种型号的计算机系统中流畅运行。

1972年10月，《太空大战》更是成为首届"泛银河系太空大战奥运会"的基石——首次**电子游戏锦标赛和首个电子竞技活动**。

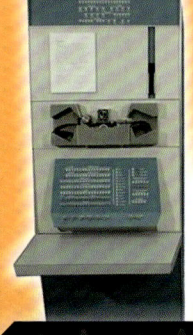

关键信息

发行年份：1961—1962年
开发商：史蒂夫·拉塞尔
首发平台：PDP-1

"回溯到20世纪60年代，但凡在计算机领域稍有涉足的人，无不对这款游戏耳熟能详。"

史蒂夫·拉塞尔在2011年的访谈中评论道

美国另一项太空计划的开端

当史蒂夫·拉塞尔正苦思冥想，欲寻得比单纯生成图案更能彰显PDP-1计算机卓越性能之时，他恰好刚刚读完爱德华·艾默·史密斯所著的《兰斯曼》系列科幻小说。1972年，他在接受《滚石》杂志采访时坦言："显而易见，将宇宙飞船作为我们的创作目标是再合适不过的选择。书中对宇宙飞船激烈交锋的描绘令人印象深刻。"

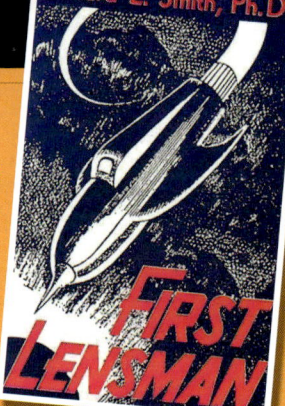

关键信息

推出时间：2020年2月4日
用户数量：2 500万
游戏数量：1 827款

《汤姆·克兰西之彩虹六号：围攻》（育碧，2015年）

《战意》（Booming Tech，2019年）

惊人数字

2 500万

截至2024年2月，加利福尼亚总公司的订户数量实现了飞跃式的增长——由2021年4月的1 000万攀升至2 500万。

《怪物猎人：崛起》（卡普空，2021年）

41 规模最大的游戏直播服务平台

GeForce NOW平台

随着互联网连接速率的不断提升，以及游戏运行对所需硬件设备要求的提高，云游戏流媒体服务逐渐成为众多玩家的新宠。此类服务能够让用户远程体验数据中心服务器上运行的游戏，同时将游戏画面实时呈现至个人笔记本电脑、电视乃至智能手机等终端设备上。

尽管在发展初期阶段的云游戏流媒体服务面临诸多挑战，但英伟达打造的 GeForce NOW 服务平台却成功渡过了难关。截至2024年2月24日，该平台通过与 Epic、Xbox、Steam 等业界知名企业携手合作，成功获得了1 827款游戏的授权。对于那些尚未拥有专业级游戏电脑，但具备优质互联网连接条件的玩家而言，GeForce NOW 无疑为他们提供了畅玩本页提及的众多精彩游戏的机会。

《反恐精英2》（维尔福，2023年）

40 最畅销的 PC 独占游戏

《盖瑞模组》

被誉为开放世界物理模拟游戏典范的《盖瑞模组》，源自独立游戏开发者盖瑞·纽曼（右图）于2006年在其卧室中孕育的创意项目。起初，它仅是作为维尔福旗下经典游戏《半条命2》的一个改版形式而问世。令人意想不到的是，它竟逐渐发展成为备受推崇的电脑游戏之一，销售量已突破2000万。

《盖瑞模组》采用维尔福集团研发的先进3D游戏引擎——起源（Source）精心制作。游戏并未设定任何既定的挑战任务或故事情节，而是提供了一片广阔的空白画布，任由玩家自由挥洒创意。玩家不仅可以制作游戏、动画电影，甚至可以组装出能够发射西瓜的大炮！正如盖瑞所言："《盖瑞模组》犹如一个充满无限可能的沙盒，我们提供工具，只待你尽情挥洒创意。"

关键信息
发行年份：2006年
开发商：Facepunch工作室
发行商：维尔福

沙盒中的创新之路

2012年，盖瑞提及自己"最大的遗憾"之一便是未曾将其现象级模组更名为Sandbox（沙盒）。这也解释了他在筹备续作时为何将其命名为S&box。这款游戏基于深度改良的起源2（Source 2）引擎版本开发，而Facepunch公司则反复强调："它不会是《盖瑞模组2》。"

销售最快的PC独占游戏

虽然《盖瑞模组》在市场上表现相对平稳，但多人在线角色扮演游戏《魔兽世界》（暴雪，详见第24页）的第8部扩展资料片《暗影国度》于2020年11月一经推出，便在短短24小时内售出了超过370万套，打破了暴雪另一款游戏《暗黑破坏神3》（2012年）创下的350万套的销售纪录。

Twitch 平台同时在线观看人数巅峰纪录

39

伊拜

关键信息
姓名：伊拜·拉诺斯·嘉拉迪雅
出生地：西班牙毕尔巴鄂市
出生日期：1995年3月26日

KOI，一支由伊拜于2021年携手共创的电子竞技战队

2023年5月，伊拜（左）现场直播了《英雄联盟》季中冠军赛

惊人数字
75 742

截至2024年3月，伊拜在Twitch平台吸引了平均75 742名观众同时在线观看，位居该平台人气主播排行榜的第四名。榜首由法国主播米格尔（又名米格尔·马蒂奥尔）占据，其平均观众数高达108 862人。

直播时长统计

除了精心策划拳击赛事及悉心管理KOI电竞战队（上图）之外，伊拜在Twitch平台的大部分时间都致力于与粉丝们的互动。截至2024年4月24日，他累计投入的直播聊天时长已高达2 256小时（相当于整整96个日夜）。同时，其1 550万粉丝也纷纷涌入直播间，在线观看他玩了1 291个小时（53天）的《英雄联盟》、428个小时（17天）的《我的世界》，以及240个小时（10天）的《我们之中》。

2023年7月1日，马德里市的大都会体育场举行了拳击赛事La Velada del Año 3（年度之夜3），而西班牙主播伊拜在Twitch平台进行同步直播，吸引了340万观众同时在线观看。当日，多场真人对决轮番上演，但最受欢迎的仍然是主播科斯库与喜剧演员赫尔曼·加门迪亚之间的压轴战。值得一提的是，此前的335万观众纪录也是由伊拜于2022年的La Velada del Año 2 创下。

FOOTBALL MANAGER 2018

关键信息

姓名：
帕维尔·西钦斯基
球队数量：46支
赛季数：520个

38 《足球经理》游戏中持续时间最长的单场赛事

⚠ 帕维尔·西钦斯基

经 2023 年 7 月正式确认，波兰的帕维尔·西钦斯基（右上角人物）在《足球经理》游戏中达成了一项非凡的成就——在一局游戏中持续游玩了相当于 528 年 137 天。在这期间，帕维尔担任冰岛某足球俱乐部主教练长达 310 年，他斩获了 301 次全国冠军的殊荣。对此，他感慨道："这是我最辉煌的成就。"与之相比，截至 2022 年 10 月，英格兰足球超级联赛主教练的平均任期仅为两年零四天！

比赛被迫终止

来自英国的达伦·布兰德（下图）在《足球经理 2010》这一虚拟联赛中，以意大利佛罗伦萨队主教练的身份引领球队历经了 154 个赛季。一场突如其来的意外——他的笔记本电脑不慎进水，致使游戏无法继续。这一事件恰似游戏世界里的"球场积水"，为他的征程画上了无奈的休止符。即便如此，达伦·布兰德的这一成就，已然在当时创造了一项纪录，直至后来被帕维尔打破。

🔓 趣味知识

一位热衷于《足球经理》游戏的智利球迷在一次足球赛事中意外发现，现效力于谢菲尔德联足球俱乐部的前锋本·布里尔顿竟拥有一半智利血统。他不遗余力地为本·布里尔顿争取加入智利国家队的宝贵机会。自出道以来，本·布里尔顿（图中右侧人物）已在绿茵场上斩获了七粒进球，其中包括一粒在对阵世界冠军阿根廷队时的精彩入球。为了向自己的血脉根源致敬，他将自己的名字更改为本·布里尔顿·迪亚兹。

资金驱动足球世界的运转

沙特阿拉伯的伊蒂哈德足球俱乐部凭借 4.54 亿美元（3.597 亿英镑）的资产净值，**成为《足球经理 2024》最富有的足球俱乐部**，这一数据从侧面反映出中东地区对足球运动的兴趣日益浓厚。紧随伊蒂哈德之后，同样来自沙特阿拉伯的阿尔希拉尔足球俱乐部与阿尔纳斯尔足球俱乐部（Al-Nassr）亦位列前三甲。在这之后，则是曼彻斯特城足球俱乐部、托特纳姆热刺足球俱乐部以及曼彻斯特联足球俱乐部。

BLACK MYTH: WUKONG
COLLECTOR'S EDITION

AUGUST 20, 2024
RE-ORDER NOW

最畅销的根据古典名著改编的游戏

37

《黑神话：悟空》

《黑神话：悟空》（游戏科学，2024年）是一款以中国四大名著之一《西游记》为背景的动作类角色扮演游戏，于2024年8月20日正式与玩家见面，首月销量突破2 000万份。

关键信息
发行日期：2024年8月20日
开发商：游戏科学

GAME SCIENCE

BLACK MYTH WUKONG

趣味知识

玩家和粉丝们掀起了一股旅游热潮，纷纷前往游戏和小说的取景地打卡留念。中国旅游网站携程旅行网的报告称，游戏发行后，小西天风景区的预订量爆长了236%。山西省文旅厅也表示，省内27个游戏取景地的关注度大幅飙升。

惊人数字

240万

2024年8月22日，《黑神话：悟空》在Steam平台上的最高同时在线玩家数。

销量惊人

发布首日，《黑神话：悟空》在Steam平台上的同时在线玩家多达220万人。此前，《黑神话：悟空》的预告片在网络上走红，将Steam玩家们的期待值拉满。据游戏科学的数据，该游戏发售首周销量达到1 000万份，第二周结束时累计销量已达1 800万份，翻了将近一番。其在中国本土市场的表现尤为亮眼。游戏市场分析公司Niko指出，Steam上《黑神话：悟空》93%的评论为简体中文，且首日流量的82%来自东亚国家。

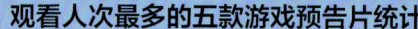

观看人次最多的五款游戏预告片统计	
《地铁跑酷》（2012年）	3.6157亿
《侠盗猎车手6》（2024年）	1.8708亿
《部落冲突》（2012年）	1.7609亿
《我的世界》（2011年）	1.6950亿
《我们之中》（2018年）	1.6924亿

数据来源：优兔平台上观看人次最多的五款游戏预告片统计情况，截至2024年4月24日。

"《侠盗猎车手6》这款故事驱动型游戏将突破开放世界体验的极限。"

英国电影和电视艺术学院奖得主及摇滚之星联合创始人山姆·豪瑟

36 24小时内观看人次最多的电子游戏预告片

《侠盗猎车手6》

自《侠盗猎车手5》问世已逾十年之久，因此，其续作《侠盗猎车手6》的任何风吹草动都备受玩家的关注。不出所料，《侠盗猎车手6》的预告片于2023年12月4日在优兔平台上发布后迅速引发了巨大反响。在短短四天内，该预告片的播放量便达到了1.737933亿次。其发布首日便创造了9 300万次播放量的纪录，一举成为**24小时内观看人次最多的非音乐类视频**。粉丝们纷纷涌入，争相一睹游戏主角露西亚和杰森的风采。他们的期待并未落空，该预告片成功收获了1 100万个点赞，一举成为有史以来最受欢迎的游戏预告片之一。

关键信息
发行日期：2023年12月4日
开发商：摇滚之星
发行商：摇滚之星

COMING 2025

首部交互式电子游戏纪录片 35

雅达利50周年庆典

《回到未来》

倘若雅达利在其 50 周年庆典上推出的 103 款原创游戏尚不足以满足广大游戏爱好者的热切期盼,那么还有 Digital Eclipse 公司精心准备的另外 6 款全新力作。这些游戏均从雅达利的早期经典作品中汲取灵感,它们分别是:《鬼屋》、VCTR-SCTR、《亚尔的复仇 增强版》以及下面从左至右展示的三款游戏:《寻剑:气世界》《四人坦克》《新突破》。

2022 年,在美国电子娱乐界先驱雅达利成立 50 周年之际,游戏开发商 Digital Eclipse 公司匠心打造了一部纪录片以纪念这一里程碑式的时刻。然而,这部纪录片绝非 Netflix 或优兔上那些仅能被动观赏的普通作品可比。《雅达利:50 周年纪念合集》以其独特的交互式体验,让主机与 PC 用户得以亲身参与,畅玩雅达利历史上的百余款经典游戏,包括《小行星》《乓》《导弹指挥官》等佳作。

惊人数字

9

1977 年,伴随着 Atari 2600 游戏机的首次面市,共有 9 款游戏精彩亮相。这些游戏包括《空海作战》《印地 500 赛》《数学游戏》《电子奥运会》《黑杰克》《战斗》等。

关键信息

发行年份:2022年
开发商:Digital Eclipse
发行商:雅达利

34 最年长的主播

杨炳林

关键信息
姓名：杨炳林
出生日期：1935年12月10日
游戏昵称：游戏爷爷

杨炳林，中国人，毕生致力于油气领域的科研与工程技术工作。然而，退休并未成为他悠闲生活的起点，在家人的鼓励下，他踏入了一个全新的世界——电子游戏，并很快在《生化危机》中大展身手，消灭无数僵尸，展现了不凡的游戏天赋。迄今为止，杨炳林已涉足超过300款游戏。

截至2024年4月19日，杨炳林已88岁131天高龄，但他并未因此放慢脚步。作为哔哩哔哩（B站）平台上的知名主播，他依然保持着定期直播与发布视频的习惯，分享他的游戏心得与攻略。其27万余名粉丝时常会在线观看他畅玩《战地风云5》（DICE，2018年）与《跑车浪漫旅：竞速》（Polyphony Digital，2017年，上图）等游戏。

杨炳林对第一人称射击游戏《战地风云5》中的种种挑战情有独钟，享受着每一次与敌人斗智斗勇的刺激体验

"我渴望能以游戏主播的身份，为引导年轻人贡献更多的力量。"
——杨炳林

最年长的优兔游戏主播

优兔平台上最年长的游戏主播当属被誉为"游戏奶奶"的森滨子（左图）。她来自日本，出生于1930年2月18日。截至2024年4月19日，已届94岁61天高龄的森滨子依然活跃在直播的舞台上。2019年，她从美国的雪莉·库里手中接过了"最年长的游戏主播"这一荣誉头衔，而当时的雪莉·库里也已88岁17天高龄了（右图）。

Steam 首发最高同时在线玩家数

《幻兽帕鲁》

《泰拉瑞亚》

《绝地潜兵2》

《霍格沃茨之遗》

一般而言，一款游戏的玩家基数会随着其好评度与口碑的累积而呈现稳步增长的趋势。然而，《幻兽帕鲁》却凭借其正式发行前的大规模宣传活动（详见第66页），为自己铺设了一条更直接的登顶之路。2024年1月27日，这款以其绚烂色彩、巧妙融合构建与破坏机制而著称的游戏，在问世仅仅8天之后，便成功吸引了2 101 867名玩家的青睐，其迅猛之势甚至超越了拉瑞安工作室精心打造的《博德之门3》以及From Software的杰作《艾尔登法环》。

截至2024年4月25日，在玩家数量的比拼中，唯一在《幻兽帕鲁》之上的是《绝地求生》（2017年），曾在2018年1月创造了3 257 248名玩家的峰值纪录。

Steam平台上玩家数量最多的开放世界游戏排行榜

游戏名称	玩家数量
《幻兽帕鲁》（2024年）	2 101 867
《赛博朋克2077》（2020年）	1 054 388
《艾尔登法环》（2022年）	953 426
《新世界》（2021年）	913 634
《霍格沃茨之遗》（2023年）	879 308
《英灵神殿》（2021年）	502 387
《泰拉瑞亚》（2011年）	489 886
《辐射4》（2015年）	472 962
《绝地潜兵2》（2024年）	458 709
《森林之子》（2024年）	414 257

数据来源：steampdb.info，截至2024年4月25日的玩家数量历史峰值。

Steam平台24小时内最高同时在线玩家人数

截至其发售之际，《反恐精英2》（维尔福，2023年）在过去24小时内一直傲居Steam平台最热门游戏榜首，其热度更是位列次席的《绝地求生》的两倍有余。尽管《反恐精英》系列已历经十余载的发行历程，但其在Steam平台上依然保持着极高的热度与广泛的影响力，常年位居榜首。

关键信息

发行年份：2024年
开发商：Pocket Pair
发行商：Pocket Pair

最受欢迎的社交模拟游戏

《模拟人生4》

这是 2023 年扩展包《成长路上》中的一个幸福模拟市民家庭

在《模拟人生 4》中，玩家可以帮助孤独的模拟市民发展事业、家庭、家园，抑或是策划一系列离奇致命的家庭事故。人生充满了选择，2000 年推出的《模拟人生》系列游戏让我们能够在自己的家中扮演造物主，体验多样的人生。截至 2023 年 4 月，这款屡创纪录的社交模拟系列游戏的第四代作品已吸引了超过 7000 万玩家。

关键信息

发行年份：2014 年
开发者：Maxis
发行商：艺电

趣味知识

《模拟人生 4》的第 9 款扩展包将带你踏上一段遥远的旅程，前往银河边缘的沙漠星球巴图。在这里，你将面临重要的选择：是追随蕾伊加入抵抗组织，还是与凯洛·伦领导的第一秩序并肩作战。这款于 2020 年发行的作品，是首个基于《星球大战》电影系列的《模拟人生》游戏包，汇聚了众多新老角色。

《模拟人生》系列的创始人
威尔·赖特

《模拟人生》系列的创造者威尔·赖特（美国），是史上许多大型生活模拟游戏的幕后功臣，包括广受欢迎的城市建设游戏《模拟城市》（1989 年）。1991 年，加利福尼亚州的一场大火吞噬了赖特的家园，也激发了他创作《模拟人生》的灵感。赖特想着从零开始建造家园——于是，《模拟人生》应运而生。

最受好评的《哈利·波特》游戏

在所有《哈利·波特》系列游戏中,最受好评的作品无疑是《乐高哈利·波特:1~4年》(Traveller's Tales,2010年)。截至2024年2月12日,该游戏在Metacritic上的评分为79分,成为所有以这位孤儿巫师为主角的游戏中评价最高的一款。这款游戏让玩家能够以可爱的乐高形式重温前四部电影和书籍中的主要情节。

好评率最高的《哈利·波特》系列游戏

游戏名称	评分
《乐高哈利·波特:1~4年》	79分
《哈利·波特:魔法觉醒》	78分
《乐高哈利·波特:5~7年》	77分
《哈利·波特与密室》	71分
《哈利·波特与阿兹卡班的囚徒》	70分

数据来源:Metacritic的所有《哈利·波特》系列游戏的评分情况,截至2024年2月12日。

Twitch平台观看人数最多的单机游戏 ㉛

《霍格沃茨之遗》

2023年2月9日,在Twitch平台的抢先体验期间,备受期待的魔法世界动作角色扮演游戏《霍格沃茨之遗》成功吸引了128万名同时在线观众。该游戏的故事背景设定在《哈利·波特》小说事件发生的100年前,地点为著名的霍格沃茨魔法学校。对于华纳兄弟公司而言,这款游戏无疑是一次巨大的成功,截至2024年1月,其销量已突破2 400万套,收入超过了10亿美元(7.88亿英镑)。此外,《霍格沃茨之遗》在评分网站Metacritic上获得了84分的媒体评分,成为**好评率最高的魔法世界游戏**。

关键信息
发行年份:2023年
开发商:Avalanche Software
发行商:华纳兄弟游戏

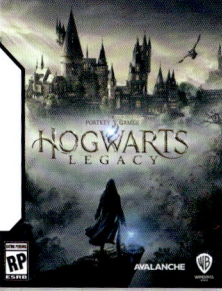

30 最大规模的 Xbox 工作室发布会

《极限竞速：地平线5》

由 Playground Games 工作室制作的开放世界赛车游戏《极限竞速：地平线5》自发布以来大获成功。在首发的24小时内游戏便吸引了450万玩家，周末时这一数字迅速攀升至1000万。此后，游戏排行榜上的玩家总数持续攀升，截至2024年2月12日，已达到3700万。尽管该游戏自发售至今已有三年，但玩家们依然热衷于在郁郁葱葱的墨西哥场景中沿着土路和高速公路自由驰骋。《极限竞速：地平线5》为玩家提供了超过500辆定制汽车，以及多个不断更新的挑战项目，让赛车爱好者们乐此不疲。

开着芭比的雪佛兰兜风

2023年6月26日，在电影《芭比》上映前夕，《极限竞速》玩家们收到了一份特别的礼物——芭比那辆标志性的粉色雪佛兰科尔维特跑车和肯的敞篷悍马H2。这两款限量版汽车不仅拥有独特的定制喷漆，而且与现实中的全电动汽车相似，只是尺寸略微缩小，这意味着玩家的头部会从挡风玻璃上方露出来，增添了几分趣味。

关键信息
发行年份：2021年
开发商：Playground Games
发行商：Xbox Game Studios

趣味知识

《极限竞速：地平线5》的首个扩展包回顾了与风火轮合金车模制造商的合作历史，这一合作最早可以追溯到《极限竞速：地平线3》。此次扩展包为游戏增添了十款风火轮汽车，玩家可在墨西哥高空蜿蜒的橙色赛道上尽情驰骋。这一合作关系是双向互惠的，美泰公司也推出了多款基于《极限竞速：地平线5》系列的风火轮合金车模。

销售最快的 PlayStation 独占游戏

《战神：诸神黄昏》

即便经历了 17 年的岁月和 8 次冒险之旅，英勇无畏的奎托斯依然挥舞着他那致命的利维坦之斧，不断创造新的世界纪录。自 2022 年 11 月 9 日发售以来，《战神：诸神黄昏》在短短 5 天内便在 PS4 和 PS5 平台上售出了 510 万份。截至 2023 年 1 月 22 日，其销量已经翻了一番以上，达到 1 100 万套。到 2023 年底，其累计销量更是突破了 1 500 万份。相比之下，《漫威蜘蛛侠 2》（2023 年）的首日销量更高（详见第 32 页），但截至目前其销量"仅"达到 1 000 万套。

共同主题

在 2023 年推出的扩展包《战神：瓦尔哈拉》（下图）中，主人公奎托斯被引领至神圣的"英灵殿"。同样以北欧神话为探索主题的，还有 2022 年由育碧蒙特利尔工作室发行的《刺客信条：英灵殿》的扩展包——《末日曙光》。

惊人数字

15

2023 年，《战神：诸神黄昏》获得了 15 项英国电影和电视艺术学院奖提名，并最终赢得了 5 项大奖，另外还有一个由玩家票选的 EE 年度最佳游戏奖。

关键信息

发行年份：2022 年
开发商：圣塔莫尼卡工作室
发行商：索尼

专题

最受欢迎的十大游戏配乐

自设计师西角友宏为 1978 年经典游戏《太空侵略者》创作循环背景音乐以来，游戏配乐便成为游戏体验中不可或缺的重要内容。以下是根据 Spotify 平台上各张专辑内曲目播放次数的详尽统计精心选出的最受欢迎的十大游戏原声配乐榜单。

10 139 868 091

《荒野大镖客：救赎2》

（摇滚之星，2018 年）

由迪·安格罗和威利·纳尔逊等超级巨星演绎的曲目，充满了力量与忧郁的情感，完美契合了游戏描绘的美国西部荒野衰落的景象。

9 148 512 656

《尼尔：机械纪元》

（白金工作室，2017 年）

在 Monaca 乐队其他成员的通力协助之下，冈部启一精心录制了这首振奋人心的配乐。该配乐以其多元化的歌曲编排与《尼尔》（NieR）游戏中丰富多彩的玩法完美契合。其中，尤为突出的是曲目《城市废墟（光线）》。

8 202 216 472

《使命召唤：黑色行动-僵尸》

（Ideaworks，2011 年）

在游戏中为某一模式专门创作配乐的情况并不常见，而《使命召唤：黑色行动》的僵尸模式却拥有自己专属的配乐。那些激昂澎湃的重金属乐曲，以及散落在各个地图中的众多音乐彩蛋，无不为这款游戏增添了无穷魅力！

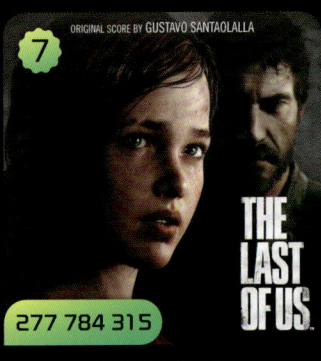

7 277 784 315

《最后生还者》

（顽皮狗工作室，2013年）

古斯塔沃·桑多拉拉创作的配乐，如同轻柔而深沉的低语，完美地烘托了乔尔和艾莉跨国冒险旅程中弥漫着的悲凉与失落感。这段激荡人心的主题曲还在 HBO 电视网改编的电视剧中被用作片头曲！

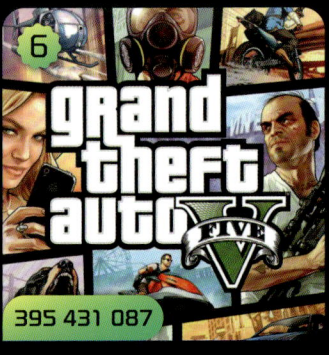

6 395 431 087

《侠盗猎车手5》

（摇滚之星，2013年）

摇滚之星在《侠盗猎车手 5》游戏中创建了一个电台，玩家可以收听 16 个频道，其中包含 441 首以上的授权歌曲。这些配乐融合了说唱、R&B、电子音乐、流行乐等多种风格，与《侠盗猎车手 5》充满都市喧嚣与刺激冒险的游戏氛围相得益彰。

5 449 186 377

《毁灭战士》

（id Software，2016年）

《毁灭战士》重制版的音乐无疑是经典原版的延续，其激昂人心的硬摇滚配乐进一步点燃了玩家内心深处消灭恶魔的狂热激情。游戏同样包含众多炫酷彩蛋。

Once Upon A Time
Toby Fox

100

481 247 306

《巫师3：狂猎》

（CD Projekt Red，2015年）

这一配乐如同游戏中的一场宏大冒险，既丰富多彩又饱含浓厚氛围。作曲家马尔钦·普日洛维奇在德国法兰克福的勃兰登堡国家交响乐团与波兰民歌乐队珀西瓦尔的鼎力相助之下，从中欧和东欧悠久的斯拉夫传统文化中汲取灵感，谱写出这部气势恢宏的史诗般的配乐佳作。

672 206 070

《上古卷轴5：天际》

（贝塞斯达游戏工作室，2011年）

在《上古卷轴5：天际》这款游戏中，龙作为核心元素贯穿始终，故而其主题曲《龙裔》巧妙地采用了游戏中虚构的龙语进行填词，显得尤为贴切。由杰米·索尔精心谱写的这一史诗级配乐，引领着听众穿越时空的界限，重返白漫城、孤独城，以及泰姆瑞尔北端那片广袤无垠、尚未被驯服的荒野之地。

1 424 286 360

《我的世界》

（Mojang 工作室，2011 年）

《我的世界》的原声配乐系列涵盖了 *Volume Alpha* 与 *Volume Beta* 两张音乐专辑，均出自德国音乐家丹尼尔·罗森菲尔德（艺名 C418）之手。这张经久不衰的电子氛围音乐合集内的每一首曲目都深受玩家喜爱。其中最受欢迎的是低调版《瑞典》，其播放量已达 1.53 亿次，且与游戏玩法完美适配。

 1 487 185 270

《传说之下》

（托比·福克斯，2015年）

《传说之下》，一款由托比·福克斯精心打造的 2D 角色扮演冒险游戏，迅速赢得了广大玩家的青睐。而福克斯亲自创作的复古风格原声配乐也赢得了如潮好评。该配乐专辑收录了 101 首曲目，几乎每一首的播放量都达到了数百万次。其中，那首旋律动人、独具芯片音乐魅力的《狂妄之人》，截至 2024 年 3 月 16 日，在单一平台上的播放量已突破 1.64 亿次，成为 **Spotify 平台最受欢迎游戏主题曲**。这首在与大反派骷髅怪 Sans 的对决大战中响起的曲目，不仅在各大社交媒体上被频繁转载、改编乃至恶搞，甚至还出现在其他诸多游戏作品中。

令人意想不到的是，2022 年在梵蒂冈，一支乐队竟然在为教皇方济各的马戏表演中奏响了这首《狂妄之人》！虽然我们无从知晓教皇是否也是《传说之下》的拥趸，但他在现场显然十分愉悦——他向演奏者表达了诚挚的感谢，并深情寄语："美，引领我们走向上帝。"

28 最大规模的第一人称射击战斗

《行星边际2》

2022年11月5日，在开发商Rogue Planet Games的号召下，1 530名玩家手握枪械、炸药及各式大炮，奔赴战火纷飞的奥拉西斯星球。这场规模浩大的线上战争，成功打破了2015年由该游戏玩家创造的1 158人参战的纪录，创造了新的历史。新纪录诞生的辉煌时刻，发行商Daybreak随即在推特（Twitter）上宣布，将为所有参与这一历史性盛举的玩家颁发专属游戏称号，并激动地表示："衷心感谢每一位玩家，是你们共同铸就了今日的辉煌。"

关键信息

时间：2022年
开发商：Rogue Planet Games
发行商：Daybreak

这可真是个热闹的生日派对！

《行星边际2》于2012年11月发布，而此次创纪录的挑战活动，正是Daybreak为这款备受欢迎的免费大型多人在线第一人称射击游戏精心筹备的十周年庆典献礼。该款游戏自问世以来，便赢得了众多玩家的青睐与追捧，他们更倾向于享受该游戏提供的那种宏大规模战役的混乱，而非《使命召唤》系列呈现的那种紧张刺激的小规模战斗场景。

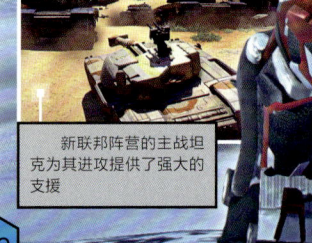

新联邦阵营的主战坦克为其进攻提供了强大的支援

⚠ 实用技巧

在创建角色时切勿草率！玩家将面临三大帝国的抉择，每一帝国均配备独特的武器、坦克及飞行器。地球共和国以其速度超凡的载具而享誉四方，新联邦则凭借重型坦克的强悍实力独领风骚，瓦努主权国则对激光科技情有独钟。审慎选择！

获得年度游戏奖数量最多的游戏

27

《艾尔登法环》

在浩瀚无垠的游戏世界，2022 年无疑是《艾尔登法环》大放异彩的一年。这一年共有 599 项 "年度游戏奖" 角逐，而由 FromSoftware 开发的动作角色扮演游戏《艾尔登法环》获得 435 项殊荣，获奖比例高达 72.6%。尽管成功的道路上从无必然，但由宫崎英高（《黑暗之魂》系列的缔造者）执导并携手乔治·R.R. 马丁（《权力的游戏》的撰写者）共筑奇幻世界的强大阵容，无疑为游戏的辉煌战绩奠定了坚实的基础。

若你有闲暇时间，不妨细细品味背景图片中罗列的那些为《艾尔登法环》投以赞誉的印刷刊物、网站及播客名称，它们共同见证了"褪色者"的荣耀。

关键信息
发行年份：
2022年
开发商：
FromSoftware
发行商：
万代南梦宫娱乐

接肢葛瑞克：一位可选择挑战的半神级首领

运营时间最长的电子游戏系列

关键信息
首发时间：1971年
开发商：MECC
发行商：多家公司

《俄勒冈之旅》

全程体验昼夜兼程的西进之旅

19世纪中叶，美国大陆上演了一场西部大迁徙。成千上万的拓荒者怀揣着对新天地的憧憬，毅然踏上了这条被称为俄勒冈小道的艰险征程。这条横贯北美大陆的路线绵延2 000英里（3 219千米），走完全程平均得耗上160天。为了让后人能一窥这段历史的沧桑，一款名为《俄勒冈之旅》的教育游戏应运而生。截至2024年2月19日，这款游戏已经运行了52年零78天。在这漫长的岁月里，《俄勒冈之旅》可谓几经沧桑。它从最初的纯文本形式起步，如今已发展成为一款图文并茂的自选冒险系列游戏，如2022年最新力作《俄勒冈之旅：繁荣小镇》（出自Tilting Point之手）。

完整故事概览

早在1971年，《俄勒冈之旅》这款游戏就以还原俄勒冈小道的真实面貌为己任，可惜在对美洲原住民的刻画上有些掉链子。不过，再瞧瞧2021年的新版本，制作团队这回下足了功夫，通过咨询专家，把原住民的习俗、语言和服装研究得透透的，使原住民角色活灵活现地融入了整个游戏世界。

趣味知识

《俄勒冈之旅》简直就是一个爆梗工厂，源源不断地输出了不少经典金句，其中最让人印象深刻的莫过于那句"你死于痢疾"的结局提示了。在游戏中，如果你不当个"卫生达人"，不时刻注意检查水源，或者随随便便就往嘴里塞些不明不白的食物，那么恭喜你，离"痢疾光荣"就不远了。据统计，在现实中，大约有10%的拓荒者没能熬过这趟漫长的西部探索之旅。

最大的篷盖车

这辆由美国工匠大卫·本特利用橡木和钢材手工打造的巨型草原篷盖车，长40英尺（12.2米），高25英尺（7.6米），巍然矗立在美国伊利诺伊州林肯市的66号公路旁。尽管这辆篷盖车体积庞大，内部却仅有一件展品——前总统亚伯拉罕·林肯高12英尺（3.6米）的玻璃纤维雕像。

关键信息

发行年份：2003年
开发商：CCP Games
发行商：CCP Games

EVE ONLINE

最大规模的多人PVP对战 — 25

《星战前夜》：FWST-8区域激战正酣

从《星际迷航》到《质量效应》，每款科幻系列游戏都热衷于史诗级的太空战斗，不过，没有一场战斗可以媲美CCP Games的这场大规模太空模拟对决。2020年10月6日，在新伊甸星系的FWST-8区域，两大玩家联盟PAPI和Imperium为了争夺这片战略要地展开了厮杀。这场战役持续了整整12个小时，来自世界各地的8 825名玩家投身其中。战斗最激烈时，竟有6 557名"飞行员"同时在线，刷新了**最大规模的多人PVP对战**的纪录。这场旷日持久的太空大战虽以Imperium联盟的胜利告终，但双方都付出了惨重的代价。战后统计显示，参战双方共损失了1 308艘战列舰、836艘巡洋舰和414艘驱逐舰。

趣味知识

与参与《星战前夜》纪录创造的数千人不同，即将推出的桌游《星战前夜：新伊甸之战》将玩家人数缩小到了四人。玩家们将化身为新伊甸星系中四大势力（艾玛帝国、加达里合众国、米玛塔尔共和国和盖伦特联邦）的掌权者，能够近距离观察对手的每一个举动，寻找其软肋并制定策略。

大型多人在线游戏中最大规模的虚拟盗窃

星际克朗（ISK）作为新伊甸的主要货币（游戏中用Z表示），支撑着整个经济体系。然而，ISK也像现实世界的货币一样，面临被掠夺的风险。2023年4月，一场震惊整个游戏界的史诗级盗窃事件发生了。两名玩家经过精心策划，不费一枪一弹，成功掌控了由299名成员组成的游戏企业——Event Horizon Expeditionaries。在他们的操控下，该企业最终被掠夺了价值2.2万亿ISK的财富，相当于现实世界中的17 904英镑（22 497美元）。

最受好评的超级英雄游戏

《蝙蝠侠：阿卡姆之城》

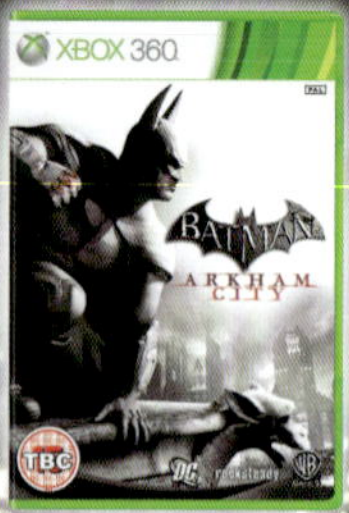

由 Rocksteady 工作室精心打造的《蝙蝠侠：阿卡姆》系列的第二款游戏获得了空前的商业成功，发售仅一年，销量便突破了 1 250 万，斩获无数游戏界大奖，并赢得了评论界的一致赞誉。截至 2024 年 2 月 21 日，经过 87 位评论家的评测，该游戏在 Metacritic 网站获得了 94 分的评分。《卫报》甚至称其为"史上最佳蝙蝠侠游戏"。在这款动作冒险游戏中，玩家可以化身为蝙蝠侠或猫女（罗宾和夜翼在扩展包中可选用），在阿卡姆之城中纵横驰骋，与反派们正面交锋，伸张正义。

关键信息

发行年份：2011年
开发商：Rocksteady 工作室
发行商：华纳兄弟

作为阿卡姆三部曲之一的《蝙蝠侠：阿卡姆之城》现已登陆 Switch 平台

惊人数字

23

《蝙蝠侠：阿卡姆之城》在 Metacritic 网站上收获了 23 个满分（100 分）评价，仅有 5 位评论家给出了低于 90 分的分数。美国游戏杂志《游戏快讯》更是将其誉为"史上最佳授权电子游戏"。

哈米尔的演技不容小觑

马克·哈米尔因在《星球大战》系列电影中饰演卢克·天行者而声名鹊起。自1992年以来，他多次在动画电视剧和电子游戏中完美诠释了蝙蝠侠的宿敌——小丑这一角色。在广受好评的游戏《蝙蝠侠：阿卡姆之城》中，哈米尔再次回归这一经典角色，凭借其精湛演技赢得了英国电影和电视艺术学院最佳表演奖。

最受好评的5款超级英雄游戏

游戏	评分
《蝙蝠侠：阿卡姆之城》	94分
《蝙蝠侠：阿卡姆疯人院》	92分
《漫威蜘蛛侠2》（右图）	90分
《不义联盟2：传奇版》（左图）	88分
《漫威蜘蛛侠》	87分

数据来源：Metacritic网站，截至2024年4月17日。

惊人数字
4 483 253

截至2024年3月,《魔兽世界》在全球直播平台Twitch上每周平均观看时长高达4 483 253小时,彰显了这款游戏的持久魅力。

关键信息
发行年份：2004年
开发商：暴雪
发行商：暴雪

最受好评的大型多人在线角色扮演游戏
23

《魔兽世界》

艾泽拉斯大陆,孕育了备受好评的史诗级游戏《魔兽世界》。截至2024年4月17日,《魔兽世界》在Metacritic网站的多人在线角色扮演游戏榜单上高居榜首,在57条评论中得分高达93分,比备受好评的《最终幻想14：晓月之终焉》高出一分。而这份优异成绩的背后,是暴雪娱乐倾注了近6 300万美元（5 000英镑）的巨额投入,历时5年的艰辛开发历程。这部游戏作品恰逢经典系列《魔兽争霸》首款游戏《兽人与人类》发布10周年之际亮相,并且仍然是**最畅销的大型多人在线游戏**（详见第24页）。

《魔兽世界》口碑攀升

在Metacritic网站评选的大型多人在线角色扮演游戏排行榜前10中,竟有5个为《魔兽世界》的扩展包。榜单上还包括了3个来自《最终幻想14》的扩展包,包括广受好评的《晓月之终焉》(92分)、《暗影之逆焰》(90分)以及并列第10的《红莲之狂潮》(87分)。《激战2》(90分)和《卡米洛的黑暗时代》(88分)也跻身前10。

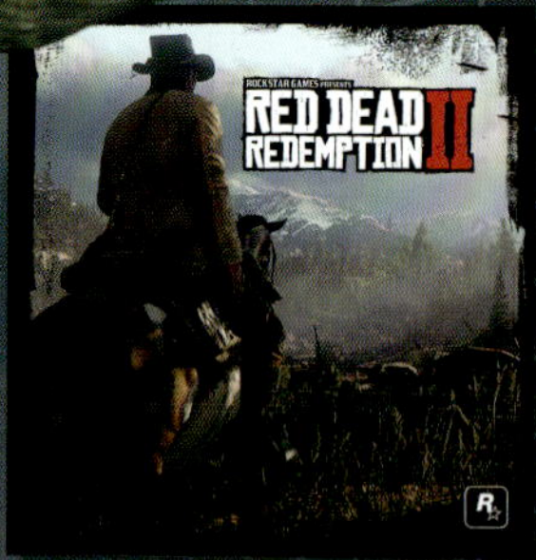

22 最大规模的电子游戏角色阵容

关键信息
发行年份：2018 年
开发商：摇滚之星
发行商：摇滚之星

《荒野大镖客：救赎2》

作为 2010 年《荒野大镖客：救赎》的续篇，《荒野大镖客：救赎2》融合了多达 1 200 名演员的表演。其中，约 880 人有对话，数百人提供了动作捕捉表演，此外还有 50 位特技演员提供了特技表演。演员罗杰·克拉克（如图所示）赋予了游戏主角亚瑟·摩根这个西部牛仔生动的声音。凭借精湛的演技，克拉克不仅摘得了"游戏大奖"最佳表演的桂冠，还荣获了英国电影和电视艺术学院奖的提名。

实用技巧

在《荒野大镖客：救赎 2》这片荒野中，可别忘了对每个擦肩而过的人都客气一声。礼貌待人能提升你的荣誉等级。跟陌生人交谈的另一个好处是他们往往能给你透露一些有价值的消息。不过，切记一点：在上前搭话之前，先把你那"铁家伙"收起来。

> "在加盟摇滚之星之前，我不过是个在百老汇跑龙套的小演员。"
>
> 罗杰·克拉克分享《荒野大镖客：救赎2》如何让他过上更加丰富多彩的生活

收入最高的电竞战队 21

Liquid 战队

Liquid 战队背后的传奇人物

维克多·霍森斯（又称纳兹格尔，右）于 2000 年创立了 Liquid 战队，参加《星际争霸：母巢之战》电竞项目。2010 年，当《星际争霸 2：自由之翼》游戏问世时，Liquid 战队迅速签约了首批职业玩家。2015 年，Liquid 战队与 Curse 战队合并，迎来了一位新的掌舵人——史蒂夫·阿尔汉塞特（又称 LiQuiD112，左）。维克多和史蒂夫是现任首席执行官。

根据 esportsearnings.com 最新的数据，截至 2024 年 4 月 19 日，Liquid 战队这支总部位于荷兰的电竞巨头的总收入已高达 48 783 762.69 美元（39 018 716 英镑）。这笔奖金收入比排名第二的 OG 战队高近 1 000 万美元（790 万英镑）。Liquid 战队的丰厚收入来自他们在 2 754 场电竞比赛中夺得的奖金。其中，《刀塔 2》贡献最大，他们从中获得 2 860 万美元（2 280 万英镑）。相比之下，在《FIFA》游戏项目上的收入仅为 840 美元（662 英镑）。而 Liquid 战队中收入最高的选手是来自瑞典的塞缪尔·斯万（又称博克西）。凭借在《刀塔 2》中的出色表现，他累计获得了 1 228 691 美元（982 744 英镑）的丰厚奖金。

关键信息

成立时间：2000 年
总部地址：荷兰
主要赞助商：本田

截至 2024 年 3 月，Liquid 战队旗下有多达 16 支专业战队

坐落于美国加利福尼亚州的"外星人"训练基地

图中展现的是 Liquid 战队在美国加利福尼亚州洛杉矶的"外星人"训练基地（另一处基地位于荷兰的乌得勒支）。"外星人"训练基地是由 Liquid 战队与其主要赞助商、高端游戏电脑制造商外星人携手打造。据 Liquid 战队内部人士透露，这些训练基地旨在全方位提升高水平电竞选手的认知表现。

下载次数最多的移动端独占游戏

《地铁跑酷》

2018年3月,《地铁跑酷》这款以涂鸦喷漆为特色的逃亡游戏成为**首款下载量突破10亿次的安卓游戏**。到了2019年5月,这款游戏在历经七年风雨之后,下载量已攀升到惊人的25亿次,并且势头丝毫未减。如今,《地铁跑酷》的全球下载量已突破40亿次并且接下来依旧保持着高歌猛进之势。早在TikTok等短视频平台掀起"网红"热潮之前,《地铁跑酷》就已经在速跑游戏界占据一席之地了。时至今日,它是speedrun.com上**速跑次数最多的游戏**,人气居高不下。截至2024年4月18日,《地铁跑酷》的速跑纪录已达到惊人的44 663次,仅次于1997年问世的地图测验游戏 Seterra。后者以62 828次保持着**速跑最多的测试**的纪录。

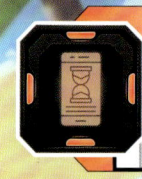

关键信息

发行年份:2012年
开发商:SYBO
发行商:Kiloo与SYBO

优兔上观看次数最多的游戏预告片

截至2024年3月,《地铁跑酷》的"官方Google Play预告片"在优兔上的观看次数已突破3.615亿次,荣登游戏广告观看次数榜首。这个数字不仅将《部落冲突》和《我的世界》等游戏远远甩在身后,更是远远领先于排名第二的《侠盗猎车手6》预告片。后者的观看次数为1.8708亿次(详见第92页)。

动画冲浪！

2018年，SYBO在优兔上推出《地铁跑酷：动画系列》。为了庆祝这一里程碑式的成就，SYBO在美国加利福尼亚州威尼斯海滩滑板公园举办了一场街头派对，现场不仅有滑板表演，还有游戏挑战。这部动画系列在优兔上的累计观看时间已经突破两千年！

收集10 000枚金币所用的最短时间

根据speedrun.com的数据，中国选手李月于2023年9月27日在游戏《地铁跑酷》中以18分32.33秒的惊人速度成功收集了10 000枚金币。这一成绩比排名第二的巴西选手LordN4tsu_快了整整27秒。你是否觉得自己有能力超越李月的纪录呢？如果你想挑战自己并尝试注册官方纪录，不妨了解更多信息，参见第8~9页。

🔓 趣味知识

在原版《地铁跑酷》上线十年后，SYBO推出了一款全新的Apple Arcade平台独占游戏《地铁跑酷：标签》。这款游戏采用俯视视角，让玩家在竞技场中与系列反派"警卫"及其无人机展开一场惊心动魄的猫鼠游戏。《地铁跑酷：标签》在2022年的掌上游戏年度评选大奖中摘得最佳Apple Arcade游戏的桂冠，还与《漫威对决》（2022年）共同斩获2023年全球移动游戏大奖的年度最佳游戏。

惊人数字

2 000万

截至2024年1月，《地铁跑酷》的日活跃用户数已达到2 000万。这款游戏的平均月活跃用户数竟高达1.5亿。

19 最大规模的电子游戏展会

2019年科隆国际游戏展

科隆国际游戏展可谓游戏界的年度盛事，自2009年首次亮相以来，每年都在德国科隆举行。2019年8月20日至24日，科隆国际游戏展举办，373 000名游戏发烧友齐聚科隆，其中包括31 300名业界精英，来自1 153家顶尖游戏开发商和发行商。起初，科隆游戏展只是世界交易会，后来随着发展渐渐囊括了许多公众参与的内容。这些内容有电竞比赛、角色扮演乐园、多样的交流与发布，以及一个可以让玩家与开发者会面并尝试新想法的独立区域。

2023年科隆国际游戏展吸引了约320 000人参加

展会包括一天的贸易参观日和为期四天的公众活动（包含电子竞技比赛）

展会还设有角色扮演比赛，共有四个类别：最佳服装、最佳着装、最佳造型和最受欢迎奖

惊人数字
1.8亿

据统计，2023年科隆国际游戏展的线上浏览量高达1.8亿，光是开幕之夜就吸引了全球约2 000万人在线观看。

关键信息
地点：科隆
时间：2019年8月
参与人数：373 000人

游戏盛会

游戏界的盛会已然成为一个蒸蒸日上的朝阳产业,几乎每个月都有视听盛宴轮番上演,让业界精英和广大玩家大饱眼福。正如表格所示,如今全球各地每年都举办着规模空前的游戏展会。除了这些大众化的聚会外,还有一些别具一格的小众活动,如为展示和庆祝开发商暴雪的游戏而在加利福尼亚州举办的盛会——暴雪嘉年华(右图),以及在冰岛举办的《星战前夜》粉丝节(最右图)。

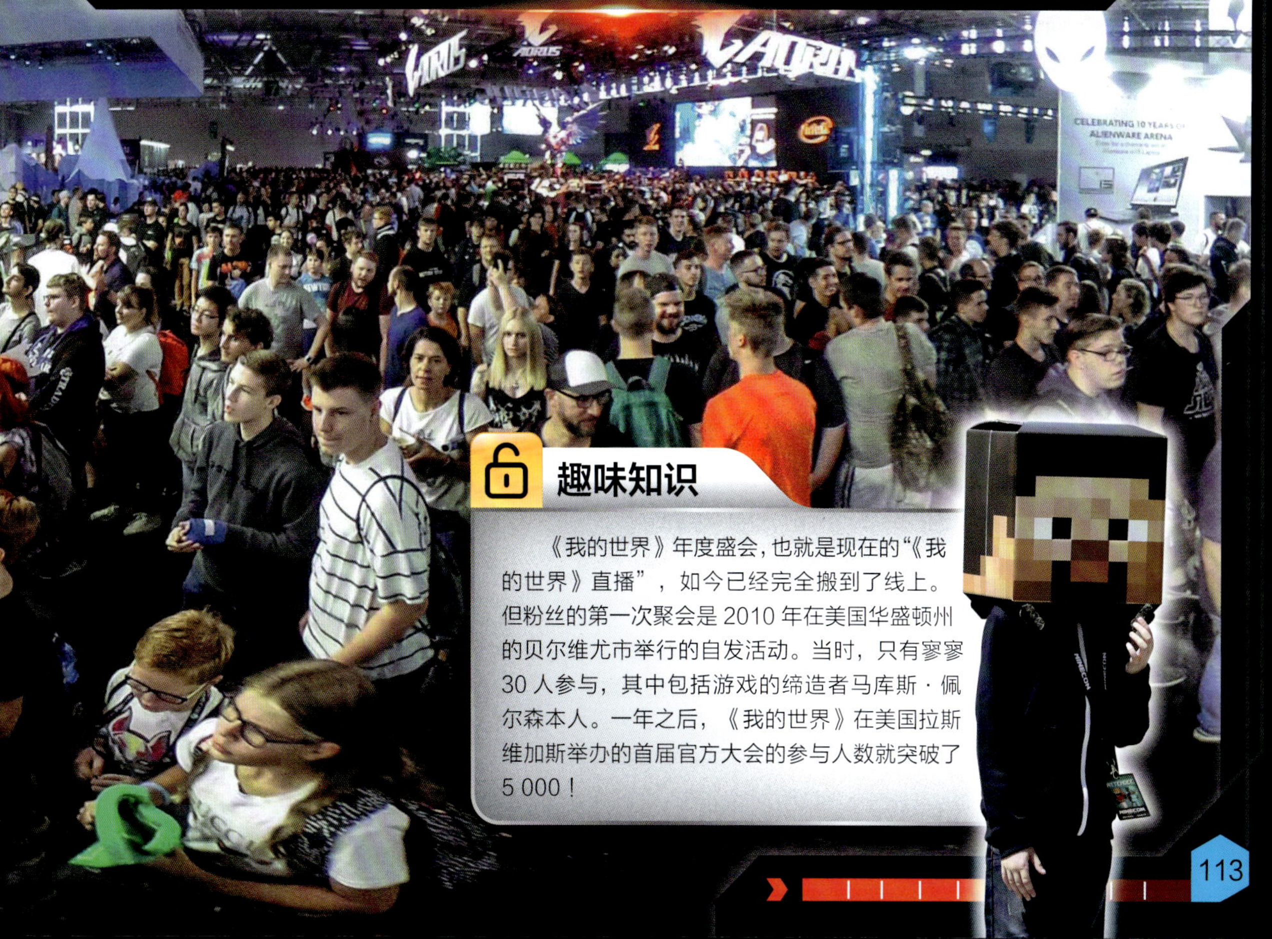

2023年十大游戏展会

展会	参观人数
中国国际数码互动娱乐展览会(中国上海)	338 000
巴西游戏展(圣保罗,左图)	328 000
科隆国际游戏展(德国科隆)	320 000
台北国际电玩展(中国台湾)	320 000
东京电玩展(日本)	243 000
韩国国际游戏展示会(韩国釜山)	197 000
德国埃森桌游展览会(德国埃森)	193 000
巴黎游戏周(法国)	180 000
圣地亚哥动漫展览会(美国)	150 000
西雅图国际游戏展览会(美国西雅图)	120 000

截至2024年2月27日,以上信息来自多方渠道。

趣味知识

《我的世界》年度盛会,也就是现在的"《我的世界》直播",如今已经完全搬到了线上。但粉丝的第一次聚会是2010年在美国华盛顿州的贝尔维尤市举行的自发活动。当时,只有寥寥30人参与,其中包括游戏的缔造者马库斯·佩尔森本人。一年之后,《我的世界》在美国拉斯维加斯举办的首届官方大会的参与人数就突破了5 000!

同时观看人数最多的电竞赛事

2023年《英雄联盟》全球总决赛

2023 年 11 月 19 日,《英雄联盟》全球总决赛的巅峰对决吸引了高达 6 402 760 名观众在线观看。这场比赛见证了中韩两大电竞巨头 Weibo 与 T1 之间的巅峰对决。《英雄联盟》全球总决赛是电竞领域最大的赛事之一,经过 40 天的激烈角逐,这场决赛终于拉开帷幕,观众人数一举突破了之前的 5 415 990 人,新增近百万观众!最终,T1 战队在主场首尔以 3 : 0 的比分战胜 Weibo 战队。

2023 年这场电竞盛事的决赛在首尔的高尺太空巨蛋体育馆上演,这座场馆能容纳 16 744 名观众

趣味知识

T1 战队是《英雄联盟》全球总决赛获胜次数最多的战队。由于队伍阵容的变化,只有 Faker(见下页右上角)亲历了这支战队四度夺冠。而这次夺冠,对于其余四名队员——崔祐齐(又名 Zeus)、文炫竣(Oner)、李珉炯(Gumayusi)和柳岷析(Keria)——是职业生涯的首次。

"老兵" Faker头衔不断增加

韩国的李相赫——电竞明星Faker，获得了最多的《英雄联盟》全球总决赛冠军。他于2013年、2015年、2016年和2023年四度位列《英雄联盟》全球总决赛夺冠战队。在最近的巅峰对决中，1996年5月7日出生的Faker，以27岁196天的"高龄"成为《英雄联盟》全球总决赛历史上年纪最大的冠军得主。这一壮举让他在游戏圈内被尊称为"老兵"。

惊人数字

13.19

2023年《英雄联盟》世界赛期间，13.19版本强势来袭，该版本推出了"La Ilusión Nidalee"的新皮肤（左图）。

关键信息

赛事时间：2023年10月10日—11月19日
参赛队伍：22支
冠军队伍：T1（韩国）

专题

游戏无障碍设计

超过四亿玩家有残障，这可能使得玩游戏变得令人沮丧甚至痛苦。然而，大部分问题只需通过一些巧妙的无障碍设计即可迎刃而解。鉴于此，近年来残障游戏玩家和相关倡导组织纷纷站了出来，致力于提高残疾人游戏社区的影响力，同时推动这些辅助功能被采用。

游戏

《神秘海域4：盗贼末路》

顽皮狗工作室 2016 年推出的旗舰巨制《神秘海域4》提高了大预算游戏中的自适应选项的标准。游戏特设无障碍选项菜单，为不便进行双摇杆控制和快速连击等高难度操作的玩家提供了多样化的适配选择。2021年，官方透露，高达 950 万玩家使用过这一菜单。

《极限竞速：地平线5》

2018 年，Polyarc 推出的虚拟现实益智游戏《莫斯》成为**首个引入手语功能的商业游戏**，然而，这一创新直到 2021 年才在《极限竞速：地平线 5》中得以应用。这款游戏为所有过场动画和游戏内语音都配上了美式手语翻译。

硬件

任天堂手柄

任天堂于 1985 年推出了一款免手控手柄，专为 NES 设计。该手柄重 2.5 磅（1.1 千克），玩家们只需将其挂在脖子上，轻轻地吹气或吸气，就能触发 A 或 B 按键。这款手柄仅能通过任天堂的客户服务热线获得。

Xbox无障碍手柄

2018 年推出的 Xbox 无障碍手柄最引人注目的无疑是手柄中央巨大的可编程按钮。然而，对于许多玩家而言，这款手柄真正的亮点在其背后隐藏的 21 个输入接口。这些接口大多支持自定义。在开发过程中，微软充分借鉴了游戏无障碍慈善组织（AbleGamers，见下页）的意见。

索尼无障碍手柄

这款于 2023 年推出的 PS5 无障碍游戏手柄是专门为行动不便的玩家量身打造。它不仅支持按键重新映射，还具备可调节灵敏度的摇杆，并配有可调节的延长臂。这些设计巧妙地解决了运动控制受限的玩家面临的挑战，如长时间握持游戏手柄等。

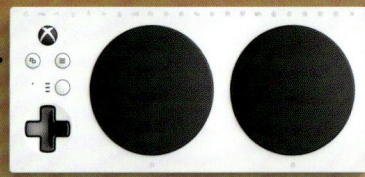

社区

PARA.GHOST战队

瑞典战队 PARA.Ghost 的五名成员均患有杜氏肌肉萎缩症（DMD）。马丁·斯滕格德在 2021 年成立这支战队，是为了帮助儿子西柏（左二）摆脱社交孤立。书中第 28 页还提到了另一支残疾人电竞团队——永眩电竞。

首次电竞亮相

2023 年 6 月，风靡全球的多人在线战术竞技手游《决胜巅峰》作为示范项目首次亮相东南亚残疾人运动会。该游戏与轮椅篮球、门球等传统残疾人体育项目一同出现。经过激烈角逐，菲律宾代表队摘得该项目金牌。

游戏无障碍

2004 年，马克·巴莱特为了帮助一位罹患多发性硬化症的挚友，创立了名为"游戏无障碍"的慈善组织。该组织已成功培训了 600 余名游戏开发者，其中不乏多家知名游戏工作室的精英人才。该组织致力于引导开发者打造兼具可玩性与无障碍特性的游戏佳作。左图中用舌头按下控制器按钮的是该组织的杰出代表——《街头霸王》系列游戏冠军选手 BrolyLegs，本名迈克尔·贝格姆。令人痛惜的是，他已于 2024 年 3 月离世。

17 最畅销的第一人称射击游戏系列

《使命召唤》

在第一人称射击游戏的无尽沙场上，曾上演了一场绵延近20载的激战。随着硝烟缓缓消散，《使命召唤》已稳坐王者之位。截至2022年6月，这个系列的全球销量赫然突破4.25亿。自2003年10月初次亮相以来，它已推出了20多部主线力作，其故事背景横跨各地，贯穿各个时代（详见第120~121页）。然而，对于众多玩家而言，该系列的线上多人对战模式的魅力远超单人战役。

关键信息
首发年份：2003年
开发商：无尽引擎工作室
发行商：动视

惊人数字 3
比《使命召唤》（4.25亿）销量更高的游戏系列有：《宝可梦》（4.81亿）、《超级马力欧》（4.94亿）和《俄罗斯方块》（5.2亿）。

《使命召唤：现代战争2》多人模式的操作员艾尔瑞克·达汉（又称"医生"）

游戏世界的平衡

2013年，娱乐软件协会的一项调查显示，女性玩家比例已高达45%，几乎占据了玩家群体的半壁江山。同年，**首款以女兵为特色的《使命召唤》游戏**问世。《幽灵》在其多人对战模式中添加了"女性部队"的选项。

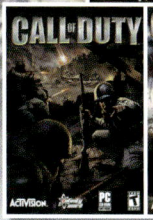 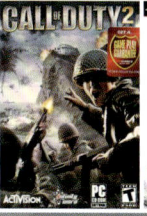 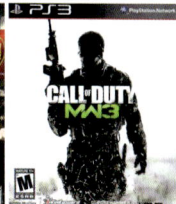

最受好评的《使命召唤》游戏

游戏名称	Metacritic评分
《使命召唤：现代战争2》（2009年）	94分（100条评论）
《使命召唤4：现代战争》（2007年）	94分（70条评论）
《使命召唤》（2003年）	91分
《使命召唤2》（2005年）	89分
《使命召唤：现代战争3》（2011年）	81分

数据来源：Metacritic，截至2024年4月18日。

《使命召唤：现代战争3》最快全流程速通纪录

大锤游戏工作室2023年推出两种任意完成度通关模式。在新手难度下，来自奥地利的玩家莫利于2024年3月10日以1小时3分钟40.41秒的成绩通关，成功刷新了纪录，比之前快了整整5秒！而在老兵难度下，美国的PC玩家Russian Zone则于2023年11月10日以惊人的1小时29分钟9.95秒完成了挑战！

《使命召唤》的时空穿越之旅

《使命召唤》系列，宛如一部跨越时空的壮丽史诗，从硝烟弥漫的二战战场，到丛林迷雾中的越战冲突，再到资源殆尽、未来黯淡的末日世界，在这里我们绘制了20世纪和21世纪的战争艺术杰作。

- 《使命召唤2》 1941—1945年
- 《先锋》 1945年
- 《使命召唤3》 1944年
- 《黑色行动》 1961—1968年
- 《黑色行动 冷战》 1981年
- 《现代战争》 2011年
- 《二战》 1940—1945年
- 《使命召唤：世界战争》 1942—1945年
- 《黑色行动：解密版》 1975—1979年
- 《黑色行动2》（亚历克斯·梅森任务）1986—1989年
- 《现代战争》 2019年

《使命召唤》系列游戏按发行年份排列如下：
- 《使命召唤》（2003年）
- 《使命召唤2》（2005年）
- 《使命召唤3》（2006年）
- 《使命召唤4：现代战争》（2007年）
- 《世界战争》（2008年）
- 《现代战争2》（2009年）
- 《黑色行动》（2010年）
- 《现代战争3》（2011年）
- 《黑色行动：解密版》（2012年）
- 《黑色行动2》（2012年）
- 《幽灵》（2013年）
- 《高级战争》（2014年）
- 《黑色行动3》（2015年）
- 《无尽战争》（2016年）
- 《二战》（2017年）
- 《黑色行动4》（2018年）
- 《现代战争》（2019年）
- 《黑色行动 冷战》（2020年）
- 《先锋》（2021年）
- 《现代战争2》（2022年）
- 《现代战争3》（2023年）

收入最高的《使命召唤》玩家

来自美国的泰勒·法里斯（又称aBezY）无疑是《使命召唤》中最为成功的职业玩家。据权威电竞数据网站 esportsEarnings.com 统计，截至2024年4月18日，他的职业生涯总收入高达1 646 905.68美元（1 321 213英镑）。泰勒目前效力于亚特兰大FaZe战队。他曾在2019年和2021年两度登顶世界冠军宝座，并荣膺最佳选手（MVP）殊荣。

《现代战争2》 2016年

《无尽战争》 未知（2187年？）

《现代战争3》 2016—2017年

《现代战争3》 2023年

《幽灵》 2027年

《黑色行动3》 2065—2070年

2022年 《现代战争2》

2025年 《黑色行动2》（大卫·梅森任务）

2043年 《黑色行动4》

2054—2061年 《高级战争》

《使命召唤》最大奖金池

2020年《使命召唤》冠军赛的奖金池共有460万美元（340万英镑），创下了新的纪录。最终，总冠军达拉斯帝国队（左图）揽获了150万美元（110万英镑）奖金。2021年11月，这支战队与劲敌OpTic Chicago强强联手，组成了一支新的劲旅——OpTic Texas战队。

16 最长的电子游戏马拉松

卡丽·斯威迪奇

美国的卡丽·斯威迪奇被誉为游戏界的"舞步皇后"。这位来自加利福尼亚州的教师，在2015年7月11日至17日期间于《舞力全开2015》中游玩138小时34秒，创造了最长连续游戏时间的纪录（查看其他惊人的马拉松纪录可翻阅第124~125页）。她的"舞力全开"不止体现在这项纪录上，她还创造了**玩舞蹈游戏和节奏游戏的最长马拉松**纪录。她还创造了**24小时内获得舞蹈游戏系列最高得分**的纪录，卡丽在11款《舞力全开》游戏中大显身手，摘得了276首不同歌曲的最高的五星评价。卡丽还热衷于通过游戏帮助儿童保持健康和解决肥胖问题，并在她的各种纪录挑战中为慈善事业募得10万美元（7.8万英镑）的善款。

关键信息
纪录保持者：卡丽·斯威迪奇
时长：138小时34秒
地点：美国加利福尼亚州贝克斯菲尔德

通过玩舞蹈类游戏，卡丽成功减重75磅（34千克）。

干得漂亮，凯蒂！

凭借入选《舞力全开》系列的15首歌曲，凯蒂·佩里（美国，右图）保持着《舞力全开》中一位**艺术家出现次数最多**的纪录！但这还不是最厉害的！凯蒂2012年的专辑《青春幻想：糖果盛筵》中有多达6首歌曲被《舞力全开》选中，创下了《舞力全开》从单张专辑中选用歌曲数最多的纪录。

西蒙妮与艾丽的律动人生

在 2016 年里约奥运会上，美国体操女王西蒙妮·拜尔斯（最左）一举夺得 4 枚金牌，创造了吉尼斯世界纪录。几个月后，她参加了《舞力全开 2017》的发布会。在纽约基普斯湾儿童俱乐部，拜尔斯与另一位金牌得主艾丽·瑞斯曼（最右）携手亮相，点燃全场气氛。随着碧昂丝的《单身女郎（戴上戒指）》节奏鼓点响起，她们与俱乐部的小朋友们一同跃动，紧接着，西雅的劲爆神曲《廉价快感》又将现场氛围推向高潮，她们带领小朋友们尽情释放青春活力，仿佛又回到了夺金时刻。

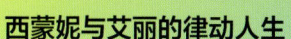

获得儿童选择奖数量最多

在第 32 届尼克国际儿童选择奖的激烈角逐中，《舞力全开 2019》荣获最受欢迎电子游戏奖，力压《超级马力欧派对》（NDcube）和《任天堂明星大乱斗》等强劲对手。自 2011 年以来，这已是《舞力全开》系列八年蝉联这一荣誉。

🔓 趣味知识

舞台灯光不灭，节拍永不停歇！

2023 年，在首次亮相 14 年后，育碧推出了该系列的第 15 款作品——《舞力全开 2024》。比莉·艾利什、防弹少年团、奥利维亚·罗德里戈等艺术家的歌曲均出现在游戏中。2022 年推出的"舞力全开升级版"订阅服务，继续为游戏玩家提供 300 首歌曲和游戏内活动的访问权限。

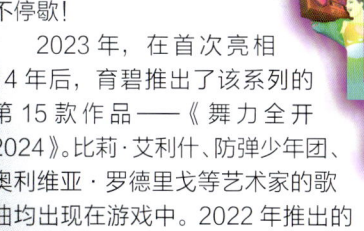

最长游戏马拉松纪录

继总冠军之后，我们将这些惊人的耐力壮举分为多个游戏类型。无论面对什么挑战，这些纪录保持者都有着相同的制胜密码：顶尖技术和铁血意志！

Ken，《任天堂明星大乱斗：终极版》

竞速游戏
《跑车浪漫旅7》

在2023年的那段传奇旅程中（6月29日至7月3日），匈牙利玩家切谢佩·萨博尔奇（玩家ID：GrassHopper）挑战驾驶游戏中全部（共474辆）原装赛车驰骋赛道。这位"赛车狂人"最终累计行驶里程高达9 100多千米！

90小时

格斗游戏
《任天堂明星大乱斗：终极版》

智利玩家TCNick3坚信，只要意志够坚定，就没有攻不破的关卡！2022年6月23日到26日，他用实力证明了这一点——在美国新泽西州上演了一场电竞马拉松！

69小时4分20秒

大型多人在线角色扮演游戏
《魔兽世界》

匈牙利厨师巴尔纳巴斯·武伊蒂-佐尔奈于2022年9月26日至28日期间，投身于一场《魔兽世界》马拉松挑战，将原有的游戏时长纪录一举提升了近14个小时。这是一场全程通过直播形式呈现的冒险之旅，他还将直播活动所获得的全部收益捐赠给了慈善机构。

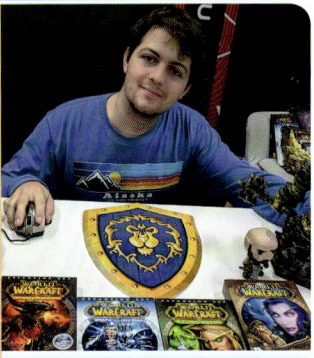

59小时20分12秒

角色扮演游戏
《刺客信条：英灵殿》

来自比利时的武特·莱纳茨（玩家ID：Casual-Gorilla）于星期五的晨曦初现之时开始游戏，直至星期天的黄昏时分落下帷幕，在2022年10月16日创下了这个纪录。

54小时32分10秒

策略游戏
《星际争霸》

两位西班牙玩家弗朗西斯科·哈维尔·穆罗斯·庞塞（左）与卡洛斯·加西亚·穆尼兹在2020年12月携手并肩，将先前的纪录延长了整整6个小时。弗朗西斯科感慨道："追求人生目标的唯一方法是倾尽全力，直至筋疲力尽。"

50小时21分5秒

体育游戏
《足球经理》

2023年9月，英国玩家凯文·查普曼凭借惊人的毅力创下了一项纪录。此外，他还亲自参与了一项测试，以探究除臭剂能否有效减少马拉松挑战过程中的出汗。测试结束后，他满怀自信地在推特上分享道："我依旧散发着迷人气息。"

50小时8分13秒

虚拟现实游戏
《我的世界：VR模式》

荷兰游戏玩家罗宾·施密特与Based AF原本计划在2023年10月18日至20日尽情探索各类游戏。然而，他们竟被《我的世界：VR模式》深深吸引，以至于完全忽略了其他游戏的存在！

50小时

足球游戏
《FIFA 22》

英国的大卫·怀特富特于2022年3月4日至6日期间以连续50小时游玩《FIFA 22》短暂地登上了体育游戏总纪录的巅峰。尽管后来凯文·查普曼以微弱优势将其超越，但大卫依然保持在FIFA方面的纪录。

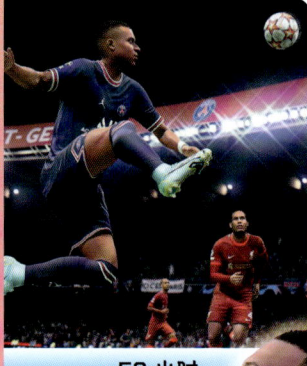

50 小时

《刺客信条：英灵殿》　《星际争霸》

生存恐怖游戏
《腐烂国度2》

在荒芜破败、宛如末日降临的废土之上，英国玩家塞缪尔·斯蒂尔于2019年8月2日至4日上演了一场惊心动魄的生存史诗。在这两天里，他击退了络绎不绝、形态各异的僵尸怪物。

48小时

"大逃杀"游戏
《使命召唤：战争地带》

英国玩家格兰特·泰勒原定于2020年9月19日至20日完成连续36小时的纪录挑战后休战。然而，就在挑战即将迈入尾声之际，一股突如其来的能量洪流激励他又顽强奋战了两个小时。

38小时17分

《我的世界》

新冠肺炎疫情初起之时，《我的世界》的玩家数量竟激增了25%。而在法国，当新冠肺炎病毒引发的宵禁政策笼罩全国时，亚历山大·朱尼亚却在这段特殊时期将完成一项非虚拟现实的马拉松纪录挑战作为了自己的目标。

38小时1秒

《宝可梦》游戏
《宝可梦：剑》

加拿大玩家科迪·哈比奇选择在自己的生日——2021年6月17日——开启他的挑战。他这次突破纪录为阿尔伯塔儿童医院基金会募集到了2 000加元（1 640英镑或1 165欧元）。

36小时12秒

益智游戏
《俄罗斯方块：效应》

多才多艺、屡创纪录的匈牙利游戏大师切谢佩·萨博尔奇（更多精彩内容请见右侧）在谈到2021年12月的挑战时透露，他通过提升《俄罗斯方块：效应》的难度等级，让自己保持高度警觉，成功战胜了疲倦的困扰。

32小时32分32秒

《火影忍者》游戏
《火影忍者 究极忍者风暴2》

2021年3月，全能玩家切谢佩·萨博尔奇再次展现了他超凡的游戏实力。这一次，他选择了终极忍者系列的第五部作品来一展身手。他事后说："耐心是我最大的武器。"

28小时11分32秒

《摇滚乐队》：击鼓
《摇滚乐队4》

美国玩家道格拉斯·斯皮尔斯为了这次挑战，备战了一年有余。在2020年2月16日至17日的比赛中，他不仅锻炼了自己的臂力，而且以此善举来为慈善机构筹集善款。

27小时45分20秒

《英雄联盟》

美国玩家乔雷尔·罗尔在2014年末就开始接触拳头游戏的战斗竞技场，但直到2021年12月，他才在twitch.tv/jrealli开始直播自己挑战纪录的过程。他在接受吉尼斯世界纪录采访时表示："我希望能给观众带来一场精彩的表演。"

24小时27分49秒

15 运营时间最长的足球游戏系列

《FIFA足球世界》和《FC足球世界》

关键信息
首发年份：1993年
开发商：艺电温哥华工作室
发行商：艺电体育

以1993年12月15日《FIFA足球世界》开启的时代似乎随着2022年9月30日《FIFA 2023》的发布而结束——共28年289天。在那段时间里，每年至少有一款FIFA系列游戏发布，有时一年发布多款，因而该系列的游戏总数达到了41款。足球游戏通常被称为"全球游戏"，FIFA系列的成功从其有在50多个国家发布的不同版本可以看出。它也是**最畅销的体育游戏系列**，销量超过3.25亿。但终场"哨声"已经吹响，艺电公司已经和FIFA解除了合作伙伴关系，该系列已重生为《FC足球世界》——由同一团队开发，但没有得到FIFA的认可。

基利安·姆巴佩，《FIFA 2023》的封面明星，说不定还是这个系列的"终结者"

最受好评的FIFA游戏

在Metacritic网站关于FIFA系列游戏的评分中，获胜的有三款——《FIFA 10》《FIFA 12》和《FIFA 13》（右图），得分均为90分。**最受好评的足球游戏**是《实况足球胜利十一人7：国际版》（科乐美，2003年），在Metacritic网站上拿下了93分的高分！在美国之外的大多数地区，这款游戏被称为《实况足球3》。

绿茵场上的诗意翩跹

《FIFA 18》是该系列中第一款记录了像克里斯蒂亚诺·罗纳尔多这样的明星的动作捕捉表演的游戏。在训练场上，当时的皇家马德里偶像穿着一套紧身衣，以使他的动作（从电光石火般的冲刺到迷惑后卫的技巧）能在游戏中更准确地再现。

惊人数字

26 400 000

艺电在 2019 年 2 月初报告的《FIFA 18》的销量为 26 400 000，其成为**最畅销的足球游戏**和**最畅销的 FIFA 游戏**。

首位登上FIFA封面的女性

对于《FIFA 16》，美国的亚历克斯·摩根、澳大利亚的斯蒂芬·卡特利（右图）和加拿大的克里斯汀·辛克莱尔在投票中名列前茅，成为首次出现在 FIFA 游戏封面上的女性球员。她们分别与阿根廷前锋利昂内尔·梅西一起出现在他们代表性的地区封面上。这也是**首款包含女性足球模式的 FIFA 游戏**。

最长的FIFA游戏马拉松

英国的大卫·怀特福特（下图）在 2022 年 3 月 4 日至 6 日玩了《FIFA 22》50 小时。最初，他的目标是 48 小时，以为医院筹款，后来将目标改为打破当时 48 小时 49 分钟的纪录。他的壮举得到了皇家空军电子游戏与电子竞技协会的赞扬。有关其他马拉松纪录，可参见第 122~125 页。

"跨界"

《FIFA 23》这回玩了把"跨界营业"，把电视剧里的泰德·拉索也搬进游戏啦！没错，就是演员杰森·苏戴奇斯饰演的美式足球教练！他带着他的理查蒙德队也进入了 FIFA 的圈子。不过，你会选择这位前美式足球教练来负责你的球队吗？

足球游戏的历史

鉴于足球在全球范围内的广泛受欢迎程度，40多年来，这项运动一直是游戏的常规项目也就不足为奇了。在这里，我们描绘了这款美丽的"视频"游戏的演变过程。

1980
《北美足球联赛》

虽然1973年就有人把类似于《乓》的挡板游戏作为"足球"游戏销售，但第一款足球电子游戏是美泰公司1980年在Intellivision平台上发布的。这款"革命性"的游戏首创了侧面视角（现在常见的"体育台解说席视角"），后来成为几乎所有足球游戏的标准。顺便一提，北美足球联赛（NASL）是1968到1984年间美国和加拿大的职业足球联赛。

1994
《虚拟前锋》

到了20世纪90年代中期，足球游戏界可以说是"芝麻开花节节高"啊！世嘉的《虚拟前锋》是**第一款使用3D图形的足球游戏**。这款游戏催生了长达十年的系列游戏。到了2004年，第4代已经登场，后来还开发了Xbox 360和PS3端。

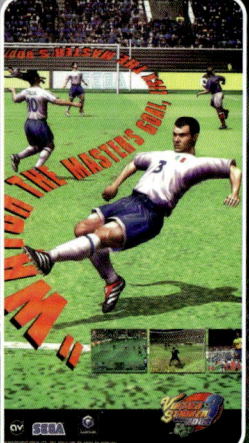

1993
《FIFA国际足球》

足球运动的全球管理机构于1993年介入。艺电体育的第一款FIFA游戏采用了等向距视角，即从一个角度观看比赛。这款游戏中有48支国家队，全部由虚拟球员组成。这款游戏取得了巨大的成功。

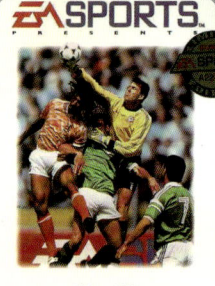
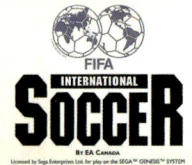

1995
《真实足球》

位于英国谢菲尔德的开发商Gremlin请来了谢菲尔德星期三队的球员进行动作捕捉。《真实足球》是第一款具有完整3D图形引擎的游戏。它的宣传语"《真实足球》没有任何虚拟成分"含着对对方的嘲讽意味。

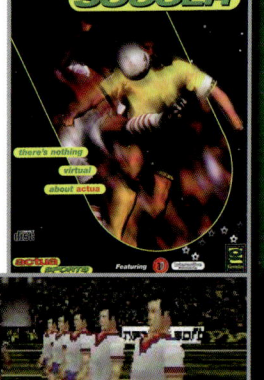

2001
《实况足球》

科乐美的《实况足球》系列（PES）从他们1995年的《国际超级足球》系列演变而来，与FIFA形成了传奇的竞争。第一款《实况足球》游戏于2001年推出，而最新的是2023年9月发布的《实况足球2024》。2023年，皮尔路易吉·科利纳（意大利）成为**第一位登上游戏封面的裁判**。

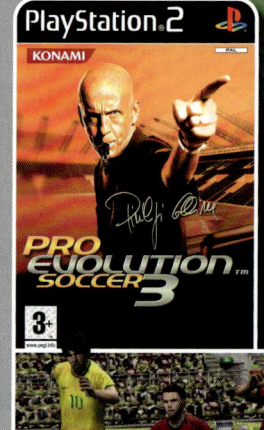

1981
《贝利的足球》

NASL 最闪亮的球星是巴西传奇人物贝利。雅达利专门为他设计了一款游戏，名叫《贝利的足球》。这位**赢得 FIFA 世界杯次数最多（3 次）的超级明星前锋**，也是**首位命名一款游戏的足球运动员**。

1985
《特汉世界杯》

说到这款游戏，日本人可太实在了，直接给它起名叫《世界杯》！它使用了追踪球控制器和球场鸟瞰图。这款游戏是在 1986 年墨西哥世界杯前夕发布的。21 世纪 20 年代中期，它还发布了 PS2 和 Xbox 版。

1992
《感官足球》

凭借引人瞩目的游戏名（球迷们都亲切地叫它 Sensi）和封面上的荷兰传奇球员路德·古利特，这款游戏红极一时。开发商 Sensible Software 在游戏中设了国家队、俱乐部和自定义球队，随后又出了好几部续作，包括 2007 年 Xbox 版的《理智足球世界》（右图）。

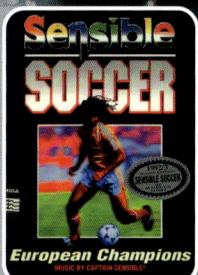

1989
《开球》

1989 年，意大利裔英国开发者迪诺·迪尼设计了这款"上帝视角"的足球游戏，并继续开发了 9 款足球游戏。下面的左图是最初的"老古董"画面，右图则是 Windows 平台的《开球 98》。

2023
《FC 足球世界 24》

当 FIFA 和艺电体育结束长期的合作伙伴关系后，艺电的第一款足球游戏《FC 足球世界 24》发售一周，就吸引了 1 130 万"数字球迷"冲进球场。挪威的哈兰德是标准版的封面明星。而终极版的封面（右图）则是新老球星齐聚一堂。

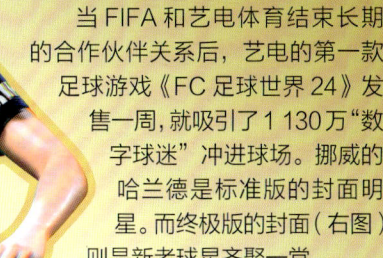

球星认人大比拼！

美国球星特里尼蒂·罗德曼

答案在第 191 页揭晓

运营时间最长的格斗游戏

关键信息
首发年份：1987年
开发商：卡普空
发行商：卡普空

《街头霸王》

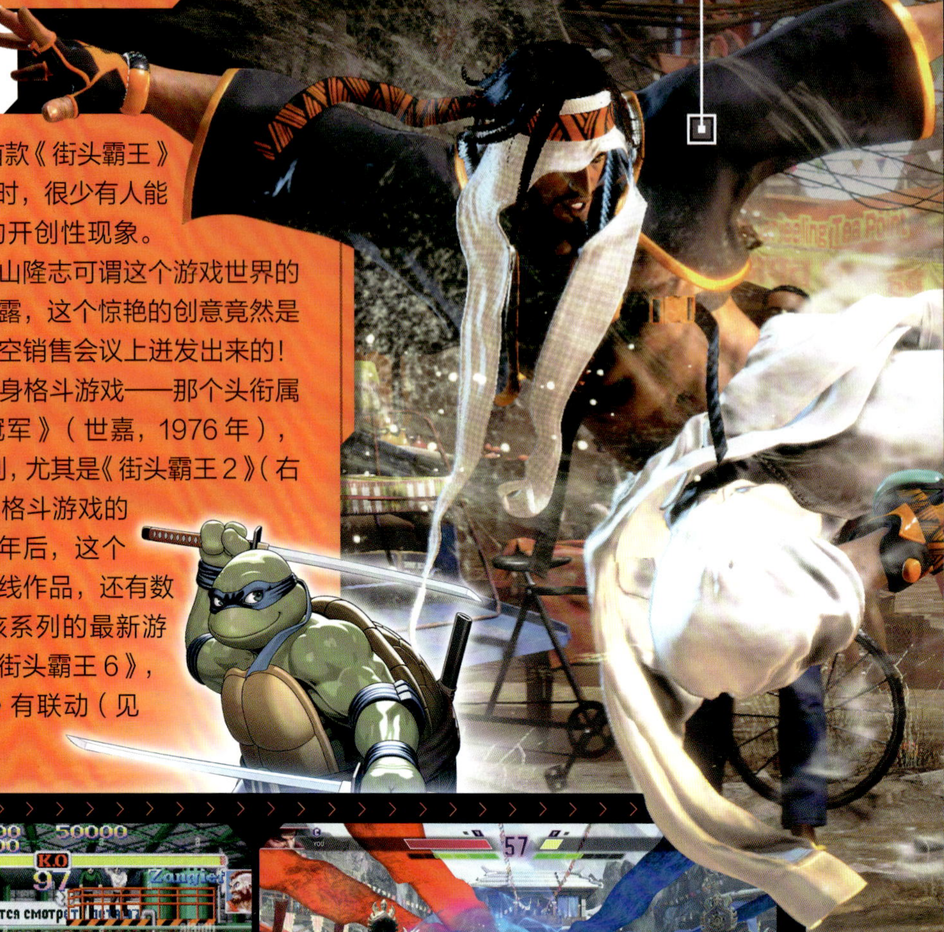

1987年，当首款《街头霸王》游戏在街机厅出现时，很少有人能预料到随之而来的开创性现象。设计师兼制作人西山隆志可谓这个游戏世界的灵魂人物。他曾透露，这个惊艳的创意竟然是在一场乏味的卡普空销售会议上迸发出来的！虽说它不是首款近身格斗游戏——那个头衔属于《重量级拳王冠军》（世嘉，1976年），但《街头霸王》系列，尤其是《街头霸王2》（右图），迅速重写了格斗游戏的"惯例"。近40年后，这个系列不仅有六部主线作品，还有数十款衍生作品。该系列的最新游戏是2023年的《街头霸王6》，还和《忍者神龟》有联动（见右图）。

街头霸王

《街头霸王》最高单笔奖金

2024年卡普空杯上演"电竞逆袭"，中国台北选手王元浩（玩家ID：UMA）一战成名，瞬间跻身百万富翁行列！这场卡普空首届《街头霸王6》世界锦标赛于2024年2月25日落幕。UMA操控角色朱莉以3:0的碾压之势横扫对手黄育祥和他的角色卢克。黄育祥也收获了一笔30万美元（236 705英镑）的奖金。

趣味知识

自 2015 年以来，红牛杯格斗大赛每年都汇集着一群电竞精英。2024 年 3 月 17 日，第九届主赛事在纽约布鲁克林上演。16 位格斗高手在《街头霸王 6》开启了一场"九局五胜"淘汰赛。最终，美国选手梅纳德操控的布兰卡以压倒性优势在最后的对决中击败了对手努克尔杜的古烈。

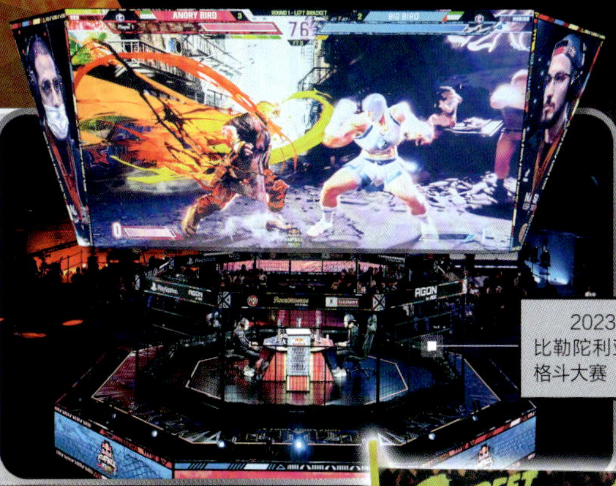

2023 年 南非比勒陀利亚红牛杯格斗大赛

游戏革新

如果说初代《街头霸王》是格斗游戏领域的启明星，那么它的续作则如同破晓时分的第一缕曙光，彻底照亮了这片天地。1991 年，街机版《街头霸王 2》横空出世，推出了八个可玩角色，每个角色都有自己的出招表和独门绝技。截至 2017 年，这款游戏经通胀调整后的总收入已达惊人的 106.1 亿美元（78 亿英镑）。

春丽《街头霸王 2 Turbo》

迪卡普莉《终极街头霸王 4》

沙加特《街头霸王 5》

最畅销的《街头霸王》游戏

游戏名称	销量
《街头霸王 5》（2016 年）	740 万套
《街头霸王 2》（1991 年）	630 万套
《街头霸王 2 Turbo》（1994 年）	410 万套
《街头霸王 4》（2008 年）	350 万套
《街头霸王 30 周年纪念合集》（2018 年）	300 万套
《街头霸王 6》（2023 年）	290 万套
《终极街头霸王 4》（2014 年）	200 万套
《超级街头霸王 2：新的挑战者》（1993 年）	200 万套

数据来源：卡普空，截至 2024 年 1 月 1 日。

专题

挑战纪录 玩转游戏

纪录如高山巍峨，不分年龄，唯待攀登——请翻阅第94页。而对于你们这些16岁以下的小将，我们精心打造了六项专属挑战。细细品味下面的小贴士——也许你会成为一名纪录保持者！

一分钟内在《马力欧卡丁车8 豪华版》的"爆炸！炸弹兵"对战模式中获得最高分数

在这个模式中，战局往往会迅速变得火药味十足。你需要尽快冲向道具箱，以便武装自己。另外，炸毁那些道具箱，可能还会意外地击中正在补给的敌人。

面对这杀机四伏的战场，你是选择奋勇向前投掷炸弹，还是将它们丢在身后？无论你钟情于哪种战术，采取进攻姿态往往能够占得先机。

一分钟内在《我的世界》之"向日葵田"中使用手柄摘取最多向日葵

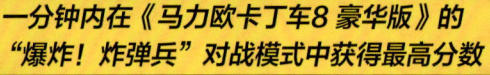

采摘向日葵，从未如此惊心动魄！当你从参天大树一跃而下，你需要身手矫捷，眼疾手快，精准地采摘那些亭亭玉立的向日葵。注意那些试图拖慢你的牛和爬行者。史蒂夫的金玉良言犹在耳畔——时间就是生命，不要忘记你只有60秒。祝你满载而归！

最快通关《堡垒之夜》"寻找按钮"地图前10关

莫以为这是从"大逃杀"模式中偷得浮生半日闲，在特制地图中寻找一系列巧妙隐藏的按钮同样是一场挑战。随着关卡难度节节攀升，有根据的猜测与灵感的火花犹如锦囊妙计，与速度同样重要。时刻牢记那些出其不意的因素……

最快在《尼克卡通全明星集结大乱斗》中赢得1V3比赛

在这款跨界格斗游戏中，千万不要被角色在原作中的形象所迷惑。就连海绵宝宝一向懒散的好友派大星都有足够的招式和实力打败忍者神龟三剑客或三头凶猛的雷霸龙。为了你在这一游戏平台上的存活奋力一搏——一旦倒下，游戏就此结束！

在《风火轮：爆发》中，以最短时间征服吉尼斯世界纪录极速赛道

我们精心打造的吉尼斯世界纪录极速赛道正翘首以待，等候那些心怀赛车梦想的速度之王来尽情展现自己的激情和速度。在这里，你可以随意挑选心仪的座驾，甚至经过精心改装的超级跑车。想象一下，驾驶着蝙蝠侠的座驾在赛道上风驰电掣的感觉如何？不过，加速时要格外小心，特别是在那些狭窄的弯道处。失控打滑可能会让你损失宝贵的时间！

守门员在《FC足球世界24》中最快的帽子戏法

在每个守门员的心中，或许都藏着一个成为前锋的梦想。如今，你有机会通过在比赛中作为守门员扫进三球来实现这一愿望。你需要从球场的一端飞奔至另一端，突破对手的层层防线，所以请务必节省体力，留待关键时刻的射门。
接下来，你只需再进两球——记住，千万别丢球！

最年轻的游戏开发者

2023年，加拿大的天才少女希马尔·库拉纳（2016年5月17日出生）开始学习编程。经过一番自我反思，她不禁感叹道："我以前真是吃了不少垃圾食品！"于是，她运用自己的编程技能成功开发了《健康食品挑战》这款游戏。当这一成果获得吉尼斯世界纪录的官方认证时，希马尔距自己的七岁生日仅差一天！

13 预购数量最多的电脑游戏

《赛博朋克2077》

经过长达 8 年的精心打造,这部由基努·里维斯主演的反乌托邦题材的动作角色扮演游戏巨制终于在 2020 年 12 月 10 日震撼上市。据开发商 CD Projekt Red 透露,游戏预售量超过 800 万套。其中,电脑版售出 472 万套,占 59%。令人意外的是,该游戏在 PS4 和 Xbox One 主机版本发布时却问题重重。首发当日,游戏频繁出现技术故障、漏洞和崩溃问题,导致索尼公司一度将其从数字商店下架,同时,索尼与微软均迅速响应,向消费者提供了退款服务。所幸 CD Projekt Red 迅速应对,发布诚挚道歉,并推出补丁修复这些问题。经过不懈努力,如今,这款游戏成为公认的成功之作。截至 2023 年底,其销量已超过 2 500 万套。

雇佣兵 V:游戏中由玩家控制的角色

科技公司雷蛇推出了毒蜂终极版鼠标《赛博朋克2077》限定款

关键信息
发行年份:2020年
开发商:CD Projekt Red
发行商:CD Projekt

从《堡垒之夜》代言人到《赛博朋克2077》中的数字化意识体

在 2077 年的未来世界中,由基努·里维斯配音并演绎的角色强尼·银手,这位昔日的摇滚偶像与心怀壮志的反叛者,以数字化人格意识体的形态继续影响着世人。尽管里维斯并非游戏玩家,但他与电子游戏界的渊源颇为深厚。早在1989年,他就以像素化身跃入游戏世界,首次亮相于美国的一款NES游戏《比尔和泰德历险记》中。这款游戏正是根据他主演的同名热门电影改编而成。

然而,对某些游戏迷而言,里维斯更广为人知的身份是"《堡垒之夜》代言人"。这一别称的由来颇为有趣:《堡垒之夜》中一款名为"死神"的热门皮肤与里维斯在电影中饰演的约翰·威克惊人相似。当里维斯弄清这一称号的由来后,他主动联系了Epic Games公司。随后,《堡垒之夜》便正式推出了约翰·威克的官方认证皮肤(右图)。

一切始于20世纪80年代的桌面游戏

《赛博朋克2077》的灵感源自1988年由美国桌游设计大师迈克·庞德史密斯（上图）创作的风靡一时的桌面角色扮演游戏《赛博朋克》。2012年，CD Projekt Red公司与庞德史密斯成功达成协议，获得了《赛博朋克》的电子游戏改编权。这一合作还促使该游戏的原创作者以顾问身份倾力加盟。庞德史密斯还在游戏中客串，为莫罗摇滚电台的DJ马克西姆·迈克这一角色配音。

实用技巧

切莫轻举妄动，以免让一点点争执酿成枪战。除非身陷枪战险境，否则当谨守枪械藏匿之道。须知，即便是展示枪支、稍露锋芒，也可能被视作挑衅之举，招致无端敌意和不测之祸。

《赛博朋克2077：往日之影》最快通关纪录

《赛博朋克2077》2023年推出的扩展包《往日之影》将我们的主角V（又名"瓦莱里"或"文森特"）卷入了一个间谍、军阀和政治阴谋交织的复杂网络。游戏鼓励玩家谨慎行事，静待最佳时机以智取胜……当然，对于那些喜欢挑战极限的玩家，也可以选择像芬兰的速通大师Vibehunt3r（右图）那样，一路狂飙猛进，在枪林弹雨中快速通关，将整个故事演绎成一场惊心动魄的闪电战！2023年10月14日，Vibehunt3r就曾创下壮举——仅耗时2小时8分钟便将一举拿下凶险万分的狗镇。

规模最大的游戏角色 Cosplay 盛会

2023年北极星游戏展

2023年10月15日，在德国汉堡市举办的北极星游戏展上，492位荧幕明星游戏角色惊艳亮相，从经典的马力欧到霸气的渣客女王，再到勇敢的阿洛伊和神秘的利维亚的杰洛特，阵容十分豪华。这些精心装扮的cosplay爱好者们齐聚一堂，为年度北极星游戏展的闭幕式增添了一抹绚丽的色彩。吉尼斯世界纪录的官方代表也亲临现场，见证了这一创纪录的辉煌时刻。所有cosplay爱好者都坚持到底，使得北极星游戏展以微弱优势——仅仅多出一人，险胜2013年在芬兰创下的491人纪录，成功刷新吉尼斯世界纪录！不妨瞧瞧下面的照片，在这群栩栩如生的游戏英雄与反派中，你能认出多少熟悉的面孔呢？

吉尼斯世界纪录认证官赛达·苏巴西-杰米吉颁发官方证书

关键信息

地点：汉堡市
时间：2023年10月15日
参与人数：492人

"我超喜欢那个大大的cosplay区域！能在大厅里欣赏到这么多精美的服装，真是太棒了！"

优兔博主贾斯敏·西贝尔（又名Gnu）由衷地赞叹

规模最大的Cosplay盛会

人们总是热衷于将自己装扮成最喜爱的角色

哈利·波特	997人	澳大利亚珀斯州	2017年11月22日
超人	867人	英国坎布里亚郡	2013年7月27日
蝙蝠侠	542人	加拿大阿尔伯塔省	2014年9月18日
神秘博士	492人	墨西哥墨西哥城	2016年3月19日
马力欧	230人	中国赤峰市	2010年8月18日

规模最大的史蒂夫Cosplay盛会……

"史蒂夫"原本只是《我的世界》游戏中默认玩家皮肤的昵称,源自该游戏创作者马库斯·泊松的创意。然而,这个简单的名字却激发了粉丝们无限的热情。2015年9月12日,在英国彼得伯勒举行的《我的世界》粉丝大会上,337名忠实粉丝齐聚一堂,共同创造了一场前所未有的盛况。按照吉尼斯世界纪录的严格要求,每位参与者都佩戴像素风格的砖块头套,身着标志性的蓝色牛仔裤,外搭蓝色未扎进裤腰的衬衫。

当然,还有劳拉·克劳馥!

为了庆祝电影《古墓丽影》(美国,2018年)上映,华纳兄弟影片公司在北京精心策划了一场活动。现场人声鼎沸,316名粉丝齐聚一堂,身着电影中劳拉·克劳馥标志性的绿色上衣与黑色短裤。此次盛会不仅是影迷们的狂欢,更是华纳兄弟为重启并推广这一经典电影系列而策划的一场公关盛事。在该系列电影中,艾丽西亚·维坎德接替安吉丽娜·朱莉重新诠释劳拉·克劳馥这一传奇角色。

《空洞骑士》中的小骑士在人群中脱颖而出!

最畅销的游戏机

PlayStation 2

关键信息
发行年份：2000年
销量：160 000 000台
世代：第六代

PS2 玩家可以在 8MB 的记忆卡上保存游戏进度

索尼 PS2（PlayStation 2）在其第六代游戏主机竞争对手中脱颖而出，自20 世纪 80 年代 NES 风靡全球以来（详见第 44 页），再次在游戏领域占据了前所未有的主导地位。2000 年 3 月，PS2 率先在日本发布，同年秋季便在全球范围内推广开来，这一时间节点足足比微软和任天堂的同类产品提前了 18 个月（参见 139 页）。而此时，世嘉的 Dreamcast 游戏机正面临停产困境，地位岌岌可危。PS2 不仅以其时尚的设计和令人惊叹的图形处理能力赢得了玩家的青睐，更通过提供与初代 PS（即 PS1）的向下兼容性以及内置 DVD 播放器等功能（这些在当时都被视为即将引领潮流的亮点）进一步吸引了广大玩家。凭借这些优势，PS2 最终卖出了史无前例的160 000 000 台。

精选热门PlayStation 游戏机

PlayStation 4
11 700万台（2013年11月）

PlayStation
10 240万台（1994年12月）

PlayStation 3
8 740万台（2006年11月）

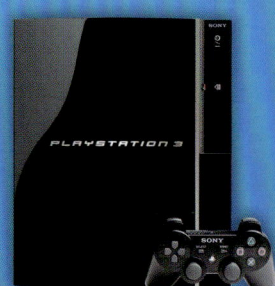

PlayStation Portable（PSP）掌上游戏机
7 640万台（2004年12月）

PlayStation 5（PS5）
5 480万台（2020年11月）

PlayStation Vita（PS Vita）掌上游戏机
1 500万至1 600万台（2011年12月）

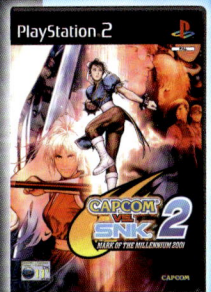

跨平台对战的先锋之作

如今，与使用不同游戏主机的玩家进行在线对战已经变得非常普遍。但在2001年，这还不是常态。当时，世嘉的Dreamcast和索尼的PS2是两款相互竞争的游戏机。然而，为了格斗游戏续作《卡普空对战SNK 2：千年印记2001》（卡普空，2001年），世嘉和索尼这两家公司达成合作，通过开发一种基于互联网的"跨平台匹配"服务，成功突破了不同游戏平台之间的技术壁垒，实现了跨平台对战的创举。

游戏主机大战

从20世纪90年代步入21世纪，第六代游戏主机市场的霸主之争似乎将演变成一场四方混战。然而，任天堂的GameCube（销量2 100万台，生产周期6年）、世嘉表现平平的Dreamcast（销量900万台，生产周期3年）以及微软的Xbox（销量2 400万台，生产周期5年）很快就相继败下阵来。最终，PlayStation 2凭借其一系列跨越多种类型的畅销游戏（如下图），稳坐冠军宝座。

趣味知识

PlayStation 2作为最畅销的游戏机，深受数百万玩家喜爱。2002年，英国玩家丹·霍姆斯更是将这份热爱推向极致，他竟然通过合法手段将自己的名字改为"PlayStation 2 先生"。索尼公司对此评价道："这体现了非凡的忠诚度。"

最畅销的PS2游戏排行榜

⑩ 《最终幻想12》（2006年）
600万份

《王国之心》（2002年）
590万份

⑧=

⑧=

《铁拳5》（2005年）
600万份

《最终幻想10》（2001年）
850万份

⑦

⑥

《潜龙谍影2：自由之子》（2001年）
703万份

⑤ 《侠盗猎车手3》（2001年）
830万份

④

《GT赛车3：A-spec》
（2001年）
1 489万份

③ 《侠盗猎车手：罪恶都市》
（2002年）
1 050万份

②

《侠盗猎车手：圣安地列斯》
（2004年）
1 733万份

①

《GT赛车4》（2004年）
1 176万份

10 最畅销的电子游戏女主角

劳拉·克劳馥

截至 2022 年 12 月，《古墓丽影》系列的销量已经突破 9 500 万套。自 1996 年首次亮相以来，游戏中的这位传奇考古学家劳拉·克劳馥迅速崛起，成为与马力欧、索尼克、林克及吃豆人齐名的游戏偶像。到了 1999 年，她的影响力已经超越了游戏界，成为**首位录制专辑的女性游戏主角**，而这张专辑的标题也恰如其分地命名为《偶像如她》。时至今日，劳拉已在 30 款游戏中大放异彩，其中还包括一些仅限于英国发行的限量版作品。然而，这一切原本可能截然不同：她最初的设定是一位名叫劳拉·克鲁兹的拉丁裔女主角，但开发商 Core Design 后来改变了主意，并从英国电话簿中找到了“克劳馥”这个名字。

关键信息

出生日期：1968年2月14日
出道时间：1996年
主要游戏：12款

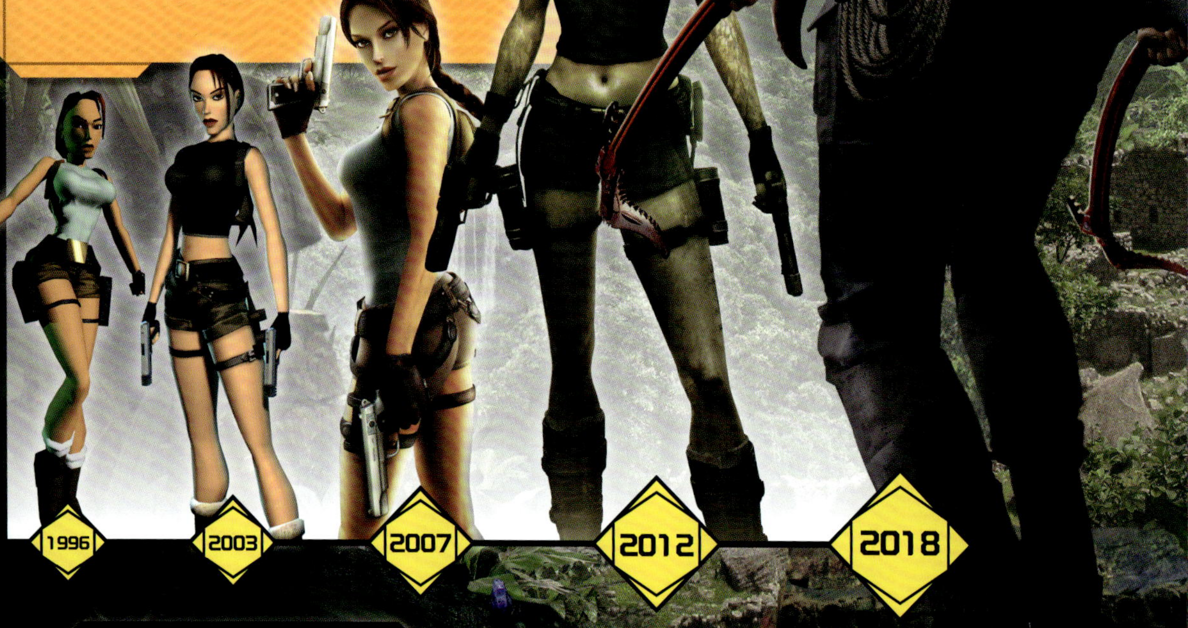

1996
2003
2007
2012
2018

克劳馥的邮票传奇

2020 年，英国皇家邮政发行了一套 12 枚的邮票，以纪念英国游戏产业的辉煌历史。其中，有 4 枚邮票（下图）专门致敬《古墓丽影》系列游戏。值得一提的是，早在 15 年前，劳拉·克劳馥便已成为**首位登上邮票的女性电子游戏主角**（右图），当时她在法国的一套邮票中获得了这一殊荣。

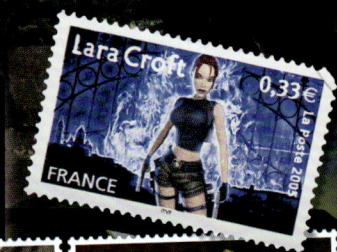

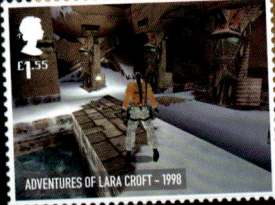

Lara Croft
0,33€
La Poste 2005
FRANCE

£1.55
ADVENTURES OF LARA CROFT - 1998
1ST
TOMB RAIDER - 1996
1ST
TOMB RAIDER - 2013
£1.55
TOMB RAIDER CHRONICLES - 2000

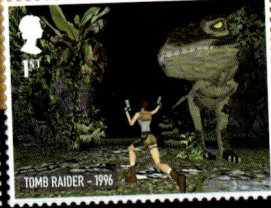

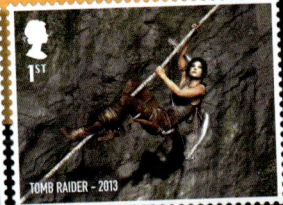

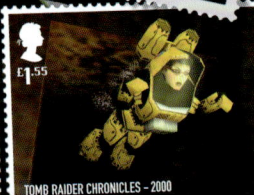

银幕上的克劳馥

在电影界,克劳馥的形象同样家喻户晓。2001年,安吉丽娜·朱莉(美国,下方左图)在电影《古墓丽影》(美国)中精彩演绎了这一角色,并在2003年的续集《古墓丽影2》(美国)中再次回归。2018年,瑞典女星艾丽西亚·维坎德(下方右图)在翻拍的《古墓丽影》(美国)中担任主角,为这一经典角色带来了新的诠释。

虚幻引擎5让游戏更逼真

2022年12月,游戏开发商水晶动力和发行商亚马逊游戏宣布,他们正在使用虚幻引擎5开发一款全新的《古墓丽影》游戏。这款引擎在2020年首次亮相时,通过在PlayStation 5上进行的实时演示"纳米之地的流明"(上图)展示了其强大的功能。这个演示项目的艺术作品包含数十亿个多边形,画面效果非常接近《古墓丽影》系列游戏。这让克劳馥的粉丝们对下一部作品的细腻程度充满期待。

趣味知识

劳拉·克劳馥那简约而又极具视觉冲击力的装扮——紧身背心、短裤、高筒靴,以及腰间的手枪套,无疑成为cosplay爱好者和喜欢偶尔变装人士的热门选择。更令人惊艳的是,专为劳拉扮演艺术而设立的网站laracroftcosplay.com,汇聚了超过7 400张精彩绝伦的图片,并提供了详尽的服装、发型和妆容教程。

你能说出多少位经典的女性角色?

答案见第191页

9 移植最多的电子游戏

《俄罗斯方块》

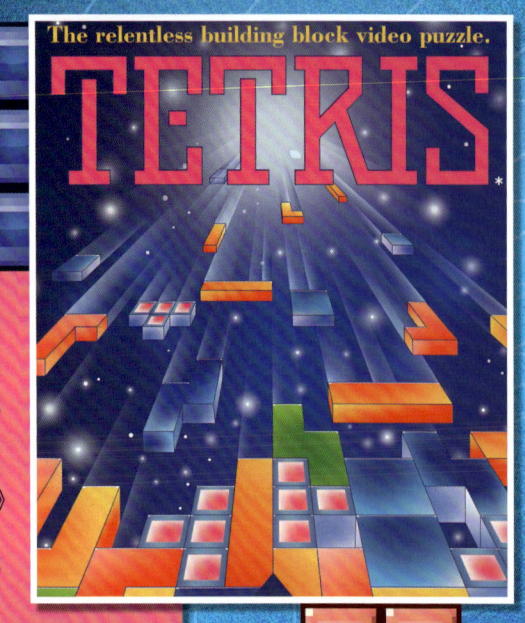

自1984年四连方块首次在屏幕上落下以来,已经有为70多个独特系统开发的200多种官方《俄罗斯方块》版本。《俄罗斯方块》是一款永不过时的游戏。无论何时何地,只要启动任何一台类似电脑的设备,你几乎都能找到一个兼容的版本。除了最初为研究开发的计算机和使其风靡全球的Game Boy掌上游戏机版本外,在诸如飞利浦CD-i和TRS-80型计算机等一些鲜为人知的设备上也能体验到这款经典游戏的魅力。尽管版本繁多,但《俄罗斯方块》那"易学难精"的核心玩法却始终如一(想了解令人惊叹的纪录,请翻阅第83页)。至今,这款经典游戏的总销量已达5.2亿,成为非官方**最畅销游戏**(详见第176~181页)。

关键信息

首发年份:1984年
创作者:阿列克谢·帕基特诺夫
版本:超过200种
总销量:5.2亿(所有版本)

《俄罗斯方块》(1989年)NES版

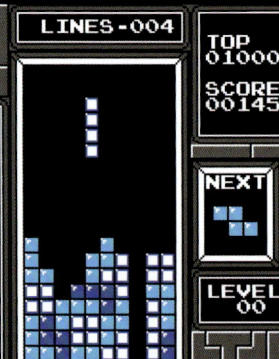

《俄罗斯方块》(1989年)Game Boy版

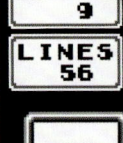

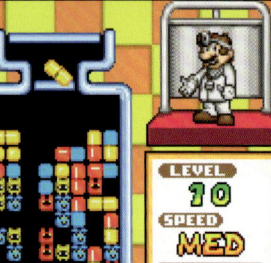

《马力欧医生》(1990年)Game Boy版

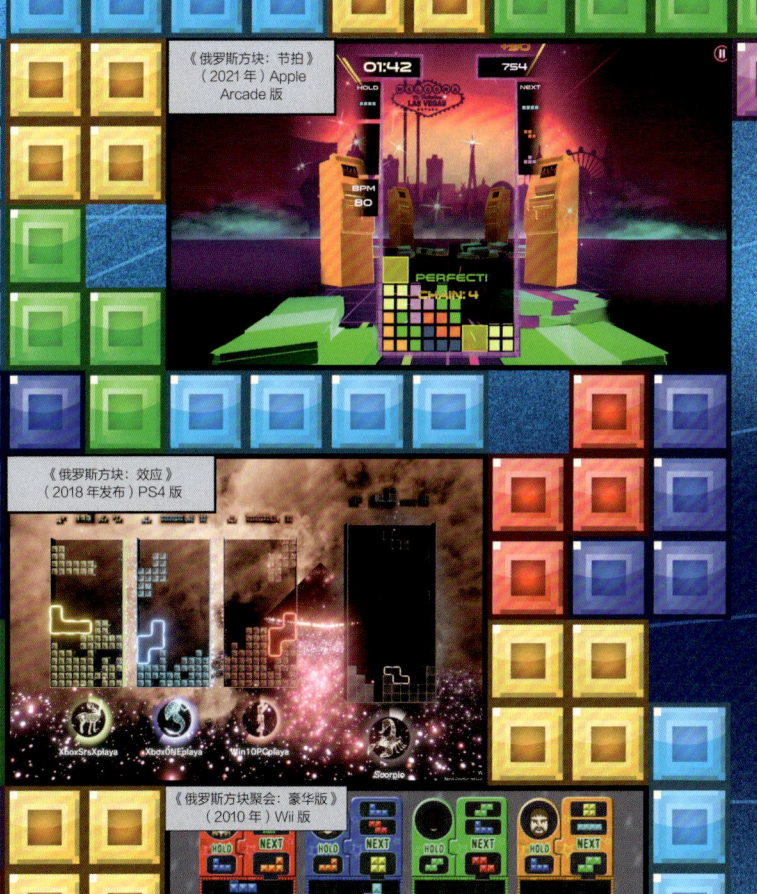

《俄罗斯方块：节拍》
（2021年）Apple Arcade 版

《俄罗斯方块：效应》
（2018年发布）PS4 版

《俄罗斯方块聚会：豪华版》
（2010年）Wii 版

方块之美

尽管《俄罗斯方块》没有鲜明的角色和跌宕起伏的情节，但它在 cosplay 界却意外地成为宠儿。如果你和朋友们手头恰好有几套方块造型的服装，不妨挑战一下，争创吉尼斯世界纪录，成为"**最多人同时身着《俄罗斯方块》主题服装集体亮相**"纪录的参与者。如果你想要申请这个令人振奋的纪录，可以翻阅第 8~9 页，了解详细的申请流程。

最年轻的《俄罗斯方块》世界冠军

节奏紧凑的《俄罗斯方块》竞技圈（详见第 82~83 页）无疑是年轻人的游戏舞台。在 2020 年经典《俄罗斯方块》世界锦标赛的决赛中，15 岁的安德鲁·阿蒂亚加（玩家 ID：P1xelAndy）不敌年仅 13 岁零 16 天的弟弟迈克尔（人称 Dog）。不过，P1xelAndy 并未就此服输，在 2024 年 1 月 4 日，他成为仅有的三位触发"杀屏"（详见第 83 页）的选手之一，并**获得在 NES 版《俄罗斯方块》中最高得分**的纪录——约 895 万分！

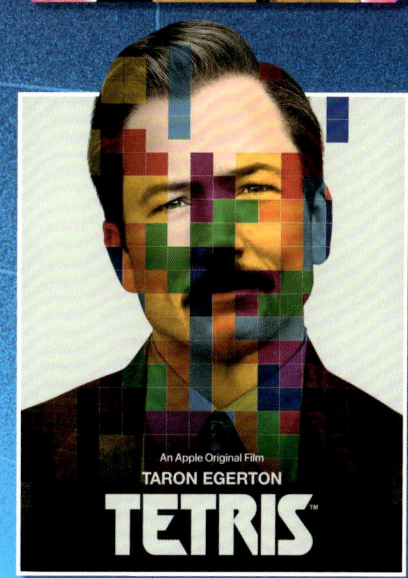

铁幕下的"专利"之战

20 世纪 80 年代，围绕一场令人上瘾的益智游戏专利权展开的争夺战，成为 2023 年这部广受好评电影的核心情节。影片并未试图描绘那些方块坠落的场景——这也是不可能的，而是深入剖析了在这场高风险的游戏出版竞赛中，错综复杂的阴谋与较量。

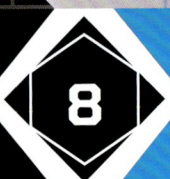

Twitch 平台上粉丝量最多

Ninja

自 2016 年 11 月 17 日踏入 Twitch 的直播世界以来，Ninja（本名理查德·泰勒·布莱文斯，美国人）迅速跃升为该平台最耀眼的明星主播。截至 2024 年 4 月 3 日，他已坐拥惊人的 1 900 万忠实粉丝，将 auronplay（1 620 万粉丝）和伊拜（1 550 万粉丝，详见第 89 页）等其他热门主播远远甩在身后。Ninja 作为游戏直播界的王者崛起，几乎与《堡垒之夜》在 2010 年末的火爆态势同步上演。2018 年 3 月 14 日，Ninja 携手说唱巨星德雷克在 Twitch 上共同演绎了一场《堡垒之夜》的直播盛宴，这场直播无疑是他职业生涯中的重要里程碑。它不仅极大地提升了 Ninja 的知名度，更在 Twitch 平台上创下了**个人主播同时在线观众数的最高纪录**，峰值竟高达 66.7 万！这场直播完美诠释了"个性化"直播的独特魅力。

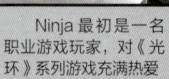

Ninja 最初是一名职业游戏玩家，对《光环》系列游戏充满热爱

关键信息

昵称：Ninja
出生日期：1991年6月5日
最喜欢的游戏：
《堡垒之夜》

首届《堡垒之夜》职业业余配对赛！

2018 年 6 月，职业玩家 Ninja 与知名美国 DJ 兼制作人棉花糖（Marshmello）携手合作，成功击败了其他 49 对选手，一举夺魁。值得一提的是，棉花糖在比赛全程中都佩戴着他那标志性的头盔。这场赛事不仅是一场游戏竞技的盛宴，更是一次公益慈善的壮举。职业玩家与名人的跨界合作，吸引了高达 70 万名观众同时在线观看，成功让《堡垒之夜》在 6 月 12 日登顶 Twitch 观看人数排行榜。

Ninja 直播中最受欢迎的五款游戏

《堡垒之夜》

《绝地求生》

《杀戮之王》

《无畏契约》

《英雄联盟》

电影中的游戏元素

在《失控玩家》（美国，2021年）这部影片中，一位看似平凡的银行柜员盖（由瑞安·雷诺兹饰演）意外发现，自己竟是一款大型多人在线角色扮演游戏中的一名非玩家控制角色。影片巧妙穿插了多位知名游戏主播——Ninja、DanTDM、Pokimane 及 LazarBeam 的真实反应镜头，他们仿佛与观众一同沉浸于盖的游戏世界冒险之旅，时而惊叹，时而欢呼。

 趣味知识

2019年，Ninja 迈出了从游戏界巨星向主流名人华丽转身的关键一步，其标志性的举动便是在观众完全无法窥其真容的独特装扮下惊艳亮相！身披冰淇淋造型的服装，他在美国电视热门综艺节目《蒙面歌王》第二季中大展歌喉，倾情献唱多首歌曲。在首次登台并揭开神秘面具后，Ninja 在社交媒体上发文感慨道："这绝对是我人生中最惊心动魄的一次经历！"

Twitch 最受欢迎的五大账号

账号	粉丝数
Ninja	19 021 412
auronplay	16 225 658
ibai	15 545 710
Rubius	14 913 186
xQc	11 979 700

数据来源：Social Blade，截至2024年4月3日。

7 规模最大的用户生成内容平台

罗布乐思

罗布乐思,这款蓬勃发展的在线游戏创作平台,至2023年底,其日活跃用户数已攀升至惊人的7 150万,相较于2022年,实现了近1/4的显著增长。而在2023年末的短短三个月内,罗布乐思的月活跃用户数更是突破了2亿。平台上汇聚了超过440万款精彩纷呈的活跃游戏(我们称之为"体验"),覆盖了多种类型,这也就不难理解为何它能让以年轻人为核心的庞大用户群不断回归。罗布乐思内部数据显示,超过半数的美国16岁以下青少年,以及3/4的9~12岁儿童,都在这个平台上活跃着。

罗布乐思上最受欢迎的游戏

罗布乐思的统计数据犹如一道亮丽的风景线,揭示了其平台上游戏的火爆程度。截至2024年4月25日,由Wolfpaq(左图)匠心打造的角色扮演游戏《布鲁克海文RP》的累计访问量已突破466亿!在这款游戏中,485 526名玩家沉浸在虚拟世界的怀抱中,他们的平均游戏时长达到了15分32秒。在《布鲁克海文RP》的虚拟国度里,玩家们可以拥有并居住在自己梦寐以求的房屋中,驾驶着酷炫拉风的车辆,随心所欲地探索城市的每一个角落。游戏中的大多数物品、房屋和车辆都是免费的,但有些需要凭借游戏通行证才能解锁。

罗布乐思上最热门的游戏

游戏	访问量
《布鲁克海文RP》	466亿
《收养我吧!》	360亿
《Blox Fruits》	328亿
《地狱之塔》	229亿
《模拟城市》	159亿

数据来源:roblox.com,截至2024年4月25日。

关键信息
首发年份:2006年
开发商:罗布乐思公司
发行商:罗布乐思公司

《布鲁克海文RP》游戏中的消防站,最右侧为警察局

惊人数字

58亿

罗布乐思平台上的注册账户数量为58亿。这里汇聚了超过240万名开发者，并且拥有1940万个活跃的"群组"社区。

评分最高的官方罗布乐思音乐会

据RoMonitorStats.com网站权威统计，2023年2月举办的Saweetie超级碗音乐会好评率高达95.86%，其评分足足比排名第二的K-pop超人气组合NCT 127整整高出4个百分点。在这场音乐盛宴中，这位美国说唱歌手在华纳音乐精心打造的《节奏之城》（现更名为《和谐之丘》）角色扮演游戏中倾情献唱了《点进来》《冰封少女》等一系列脍炙人口的热门单曲。

罗布乐思平台访问量最高的品牌游戏

截至2024年4月25日，由Gamefam工作室（美国）为知名游戏大厂世嘉精心打造的大型多人在线平台游戏《索尼克超音速模拟器》，凭借其标志性蓝色小刺猬角色的非凡魅力，在罗布乐思官方品牌体验排行榜上名列榜首，累计访问量达9.3365亿。这款游戏自2022年4月问世以来便迅速走红，其访问量比排名第二的《奇迹瓢虫与超级猫》高出2.3亿。

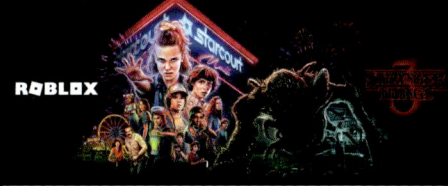

与罗布乐思合作

各大公司纷纷热衷于在罗布乐思平台上推广自家品牌。2024年，曾于2020年在TikTok上爆火的毛绒玩具品牌软萌团（Squishmallows），不仅在现实中与时尚零售商H&M携手合作，还在罗布乐思游戏中实现了跨界联动（上图）。此外，银河赛道创作者挑战赛（中间）则由电影《星球大战：天行者崛起》（美国，2019年）提供赞助。而早在2019年，热门剧集《怪奇物语3》的推广活动为玩家们送上了2个免费的市场商品以及4个可供兑换的专属商品。

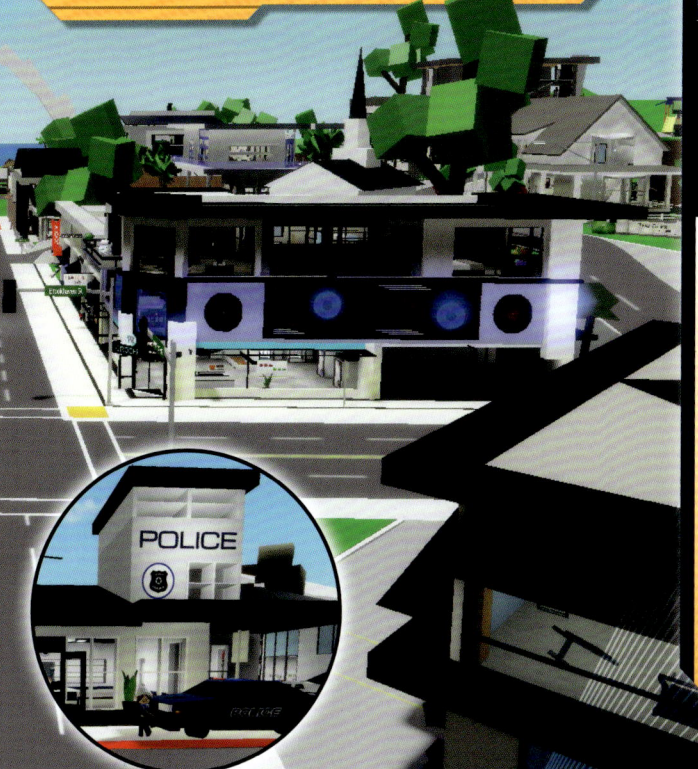

吉尼斯世界纪录大全
游戏玩家版
摄影佳品

想要生动展现游戏纪录保持者的风采，最好的方式之一就是将他们融入他们最热爱的游戏场景中。在此，本书的图片编辑露西·塔拉韦拉精心挑选了过去15年间她最喜爱的场景重现作品。这些作品不仅展现了玩家们的专注与创造力，更传递出无尽的乐趣。

早在2010年，英国选手瑞恩·哈特就装扮化身为《街头霸王》系列游戏中的经典角色"隆"，赢得了该系列游戏中最多赛事冠军（共30次）。而在论敌唐人街，他遇到了一位强动的对手，那就是来自法国的Kayane（本名玛丽一萝丝·诺兰德），她是第一位赢得专业《街头霸王》比赛的女性玩家。

早在2016年10月，来自英国的丹尼尔·米德尔顿，也就是大家熟知的DanTDM，就已经凭《我的世界》叙事精品编创领域取得了无数家熟的优秀频道。凭借精彩的叙事和生动的角色塑造赢得了无数粉丝的情睐。视频总播放量已突破90亿，成为单一游戏类无限热捧。除此之外，他依然保持着对创作的无限热情，现总播放量最高者。时至今日，他尝试了其他多种游戏，中播放量最高的《我的世界》之外，200亿。

为了展示《荒野大镖客：救赎》游戏中从迪克·森渡口到豁牙岭的最快驴骑纪录，我们特意让英国玩家丹·怀特装扮成牛仔，并安排他骑乘一头驴进行拍摄。还有什么比这式能比他以11分7秒的成绩跨越游戏地图的"驴途"之旅更加直观地展现这一非凡成就呢？！

6 最快突破 10 亿美元收入的娱乐作品

《侠盗猎车手5》

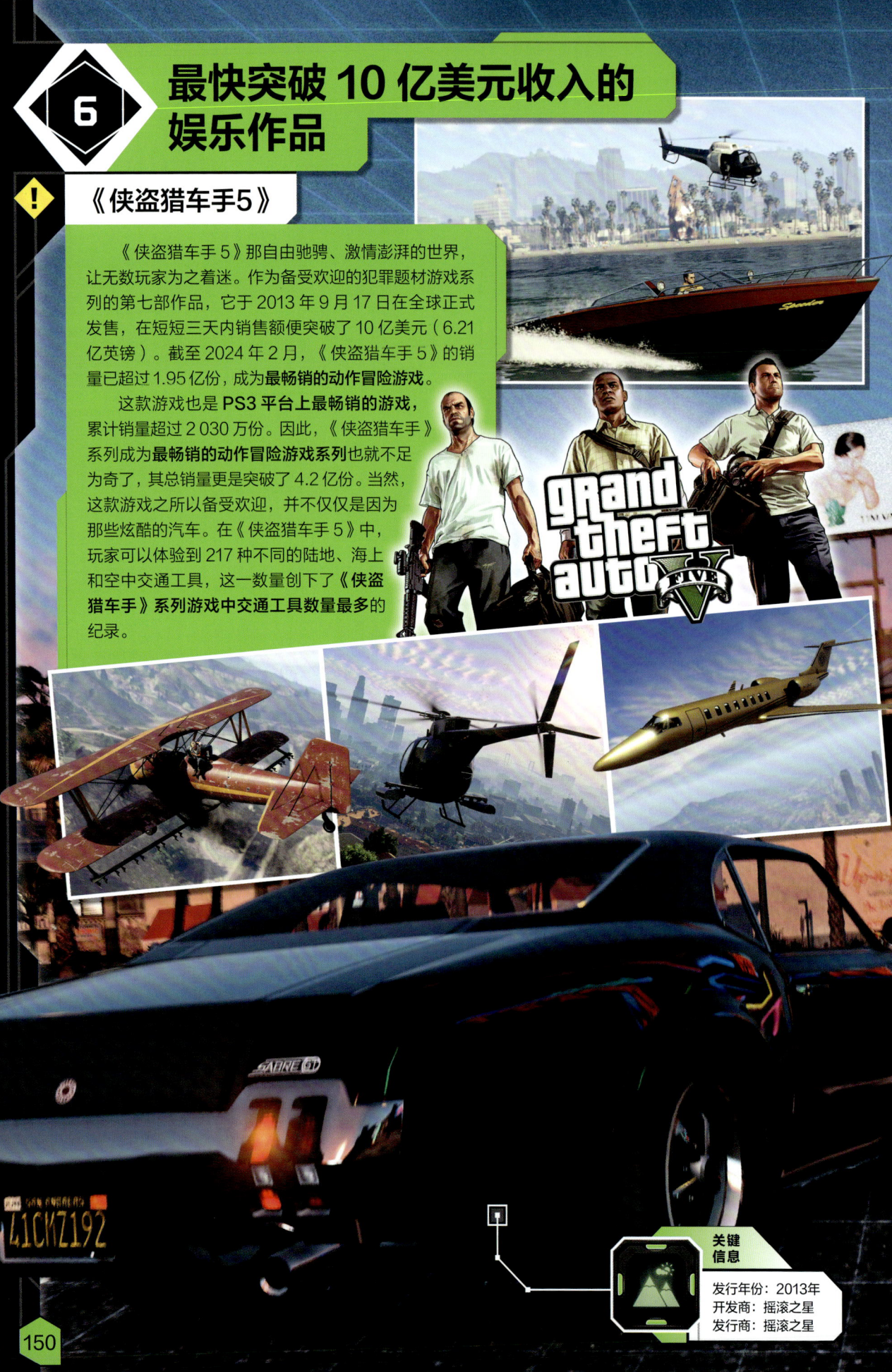

《侠盗猎车手5》那自由驰骋、激情澎湃的世界，让无数玩家为之着迷。作为备受欢迎的犯罪题材游戏系列的第七部作品，它于2013年9月17日在全球正式发售，在短短三天内销售额便突破了10亿美元（6.21亿英镑）。截至2024年2月，《侠盗猎车手5》的销量已超过1.95亿份，成为**最畅销的动作冒险游戏**。

这款游戏也是**PS3平台上最畅销的游戏**，累计销量超过2 030万份。因此，《侠盗猎车手》系列成为**最畅销的动作冒险游戏系列**也就不足为奇了，其总销量更是突破了4.2亿份。当然，这款游戏之所以备受欢迎，并不仅仅是因为那些炫酷的汽车。在《侠盗猎车手5》中，玩家可以体验到217种不同的陆地、海上和空中交通工具，这一数量创下了**《侠盗猎车手》系列游戏中交通工具数量最多**的纪录。

关键信息

发行年份：2013年
开发商：摇滚之星
发行商：摇滚之星

最快达到10亿美元收入的游戏和电影

作品名称	类型	所需时间
《侠盗猎车手5》（2013年）	电子游戏	3天
《复仇者联盟4：终局之战》（2019年）	电影	5天
《使命召唤：现代战争2》（2022年）	电子游戏	10天
《复仇者联盟3：无限战争》（2018年）	电影	11天
《星球大战：原力觉醒》（2015年）	电影	12天
《蜘蛛侠：英雄无归》（2021年）	电影	12天

数据来源：The-Numbers.com，截至2024年4月25日。

俯视视角的顶尖游戏

1997年发行的初代《侠盗猎车手》与后续系列作品相比，外观大相径庭。这款游戏采用了由上至下的俯视视角，虽然其所谓的"开放世界"其实并不那么开放，但依然吸引了众多玩家的关注。

超速罚单

想要打破最快100%完成《侠盗猎车手5》的纪录吗？截至2024年3月，你需要比UnNameD（波兰）做得更好，他在2023年9月19日以9小时53分10秒的成绩完成了所有的69个任务（不包括出租车任务）。在这个过程中，你可以选择任何结局——但请注意，不能跳过失败的任务。

❗ 实用技巧

自《侠盗猎车手：在线模式》于2024年3月更新后，玩家们终于迎来了一个令人兴奋的机会——可以登上并驾驶游戏中那标志性的货运列车！不过，要想掌控这列火车，你首先得完成"当当钟农场突袭"任务。

一个游戏新时代的开启：两款《宝可梦》系列游戏

关键信息

首发时间：1996年2月27日
国家：日本
平台：Game Boy

惊人数字

82

在2022年9月17日这一天，美国纽约的珍·莫莉·沃克创下了**一分钟内识别宝可梦数量最多（82）**的纪录。你是否也具备打破这一纪录的潜力呢？详见第8~9页。

5 最畅销的角色扮演游戏系列

《宝可梦》

1996年2月27日，名为《宝可梦：红》和《宝可梦：绿》的两款游戏在日本的Game Boy掌机上首次亮相。尽管没有进行大规模的宣传推广，并且是在一款已经略显过时的掌机平台上发布，但它们赢得了相当不错的评价。令人惊喜的是，这两款游戏凭借玩家间的口碑以及新颖的宝可梦交换机制——玩家可以通过连线互相交换宝可梦，竟出人意料地大获成功。截至1997年底，《宝可梦：红》与《宝可梦：绿》在日本本土的销量已高达470万套。随后，国际版的《宝可梦：红》与《宝可梦：蓝》也在筹备发行中。自此，《宝可梦》一跃成为娱乐业的巨头，其发布的41款游戏作品在全球累计销量已突破4.8亿套，并催生了众多衍生产品。

哟，哟，哟！皮卡丘登场啦……

尽管比马力欧"年轻"了15岁，皮卡丘在游戏界的活跃度却毫不逊色。从睡眠监测器（见下页），到经典格斗游戏《任天堂明星大乱斗》，它的身影无处不在。自1996年首次亮相以来，这只电气鼠已涉足多达79款游戏，一跃成为**最耳熟能详的角色扮演游戏角色**。

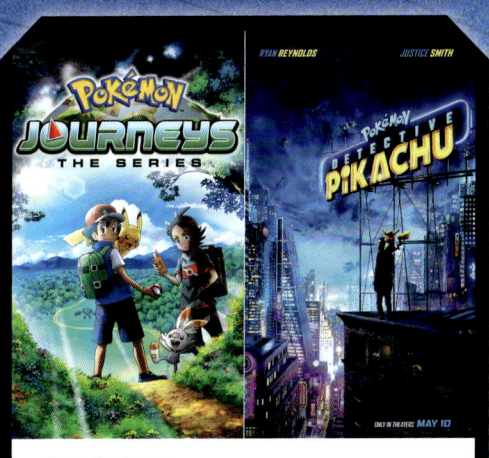

现象级作品

凭借 24 部动画长片和一部于 2019 年在美国上映的真人版电影《大侦探皮卡丘》，《宝可梦》不仅成为**改编数量最多的游戏系列电影**，还以超过 15 亿美元（11.8 亿英镑）的票房佳绩，荣登**游戏改编电影的票房榜首**。此外，自 1997 年首播以来，《宝可梦》动画系列已累计播出超过 1 200 集，成为基于游戏改编的动画系列中播出时间最长的作品。

首位在《宝可梦 GO》中晋升至 50 级的玩家

2020 年末，《宝可梦 GO》将游戏等级上限由 40 级跃升至 50 级，这一变化瞬间点燃了玩家们争当首位 50 级玩家的热情。2021 年 1 月 26 日，来自澳大利亚的丹尼尔·阿莫斯（又称 FleeceKing）脱颖而出，成功完成了 999 次精准投掷并捕获 5 只传奇宝可梦，最终攀上了这座令人向往的荣耀巅峰，而这两项成就，仅仅是他必须攻克的众多挑战中的冰山一角。为了达成这一目标，FleeceKing 在游戏中行走了惊人的 20 614 千米，并在这段旅程中捕捉了近 80 万只宝可梦。

趣味知识

《宝可梦 Sleep》于 2023 年 7 月正式上线，这款将游戏与睡眠追踪完美结合的应用在短短不到两个月内便取得了惊人的成就，下载量突破了 1 000 万次。它不仅以稀有宝可梦作为优质睡眠的奖励，还让可爱的皮卡丘用它那甜美的声音提醒你何时该入睡，何时该醒来。

《宝可梦：朱·紫》最快全流程速通

据 speedrun.com 网站的数据，2023 年 11 月 30 日，约书亚·卡林斯（halqery，美国）在 Switch 平台上以 5 小时 19 分 25 秒的成绩，成功完成了《宝可梦：朱·紫》的全流程速通挑战。截至 2024 年 4 月 25 日，这位来自得克萨斯州的速通高手还保持着多项《宝可梦》系列游戏纪录，包括**最快完成《宝可梦：朱·紫》寻宝任务**（3 小时 48 分 50 秒），**《宝可梦传说：阿尔宙斯》的全流程速通**（3 小时 37 分 29 秒），以及**集齐《宝可梦传说：阿尔宙斯》中全部宝可梦**（13 小时 59 分 33 秒）。

实用技巧

在《宝可梦：朱·紫》游戏探险时，最好随时备一些皮皮玩偶。一旦与野生宝可梦发生冲突，这些玩偶道具能帮你立刻脱身。还有，别忘了让你的训练家按时用餐并适量补充零食，它们能为你提供至关重要的能量。

宝可梦周边商品

宝可梦这一享誉全球的品牌，由任天堂、Game Freak 与 Creatures 三家公司共同持有。其中，Creatures 公司负责监管众多宝可梦游戏启发的授权周边商品。早在 1996 年，该公司便率先推出了首批联名交易卡片（上图），作为宝可梦周边产品的先驱之作，截至 2023 年 5 月，这一系列卡片的总产量已达到了 530 亿张。岁月流转，宝可梦的主题艺术元素不断渗透至更为广泛的商品领域。从服饰、鞋履、毛绒玩具到交通工具，如那辆独一无二的 MINI Cooper 概念车，无一不彰显着宝可梦的独特魅力。

统统拿下

自2004年起,宝可梦世界锦标赛便作为一项备受瞩目的年度盛事,吸引着全球各地的卡牌游戏与电子游戏爱好者共襄盛举。2023年度的锦标赛于8月11日至13日在日本横滨盛大启幕。在电子游戏大师组的激烈角逐中,木村翔平最终荣膺冠军;而在《宝可梦GO》这一备受欢迎的项目中,ItsAXN拔得头筹。在卡牌游戏领域,少年组的桂冠被颜绍同摘得,而巴西选手加布里埃尔·费尔南德斯则凭借出色的表现赢得了成年组冠军。

ItsAXN　颜绍同　加布里埃尔·费尔南德斯　木村翔平

Luminosity Gaming 战队斩获 2023 年《宝可梦大集结》全球冠军

最大的宝可梦气球服装

英国的汤姆·肯特简直是气球服装的奇才!他曾巧妙地利用350个黄色、黑色及红色的气球,打造出了高达262厘米的巨型皮卡丘气球。在2021年,他又凭借一个高达353厘米的充气绿巨人(右图)成功创下了**最大气球服装**的世界纪录。

4 最受好评的电子游戏

《塞尔达传说：时之笛》

1998年在任天堂64游戏机上发布的这款经典的动作冒险游戏不仅是《塞尔达传说》系列中首个运用3D图像的作品，更是唯一一款在评论网站Metacritic上获得99分高分的游戏。这款备受喜爱的系列游戏的第五部作品，至今稳居排行榜榜首，领先于并列第二的《侠盗猎车手4》和《灵魂能力》（两者均为98分）。GameSpot的评论家曾精准预言，《塞尔达传说：时之笛》将成为"一部十年后仍被人们津津乐道的杰作"。2011年，该游戏研发的3DS重制版同样备受赞誉，在Metacritic网站上获得了94分的评分。

关键信息
- 发行年份：1998年
- 开发商：任天堂EAD
- 发行商：任天堂

惊人数字
150 740 000

截至2023年4月，《塞尔达传说》系列游戏的全球销量已达到惊人的1亿5074万套。2017年推出的《塞尔达传说：旷野之息》尤为突出，其单独销量超过3000万套。

规模最大的《塞尔达传说》纪念品收藏

根据最近的官方统计数据，挪威的收藏家安妮·玛莎·哈内斯已拥有令人惊叹的1 816件《塞尔达传说》主题藏品。自2008年起，她便开启了这一收藏之旅，广泛搜集各类珍稀物品，包括玩具、真人大小雕像、服装，以及她最为珍视的Zoraxe鱼骨吉他。

最快100%通关《塞尔达传说：王国之泪》

2023年10月15日，英国的Tippi以1天5小时45分16秒全面通关了《塞尔达传说》系列的第20部主线作品（详见第160~161页），包括所有主线任务的圆满达成，支线冒险的逐一解锁，神庙挑战的逐一攻克，以及珍贵回忆的悉数收集。而在Speedrun网站上《塞尔达传说：时之笛》的100%完成度排行榜上，截至2024年2月，来自加拿大的glitchymon稳居榜首，于2024年1月7日仅用3小时45分41秒就完成了所有挑战。

⚠ 实用技巧

在此，为你奉上一则关于《塞尔达传说：王国之泪》的精妙攻略。在游戏中，回溯能力能令时间暂停，并使周遭物体回溯至先前的状态。因此，当你遭遇使用弓箭的敌人时，可巧妙利用此能力。在箭矢尚悬于空中的瞬间，施展回溯，使时间定格。随后，选中那支箭矢，它将逆向飞行，直击你的敌人。

N64平台最稀有的《塞尔达传说》游戏

在N64平台的近400款游戏中,有一款2000年发布、仅发行了1 000份的游戏备受收藏家们的青睐与追捧,即《塞尔达传说:魔吉拉的面具》之"限量版冒险套装"。此套装不仅内含游戏卡带,还附赠一张原声音乐CD、一款手表、一件T恤以及几枚徽章。值得一提的是,套装中还包含一张真品认证书,其上镌刻着独一无二的编号,为每一位拥有者提供了专属的身份象征。截至2024年4月16日,eBay平台上的一套该限量版冒险套装标价已至50 000欧元(53 159美元或42 725英镑)!

时隔十五载,《塞尔达传说:魔吉拉的面具》重制版以焕然一新的姿态惊艳登陆3DS平台

惊人数字

325 000+

在美国,《塞尔达传说:时之笛》正式发售之前,已累计有325 000余名玩家预付了定金,这一数字在当时创下了**最高游戏预订量**的纪录。

谁统治着海拉鲁王国？

随着《超级马力欧兄弟大电影》（美国，2023年）荣升**电子游戏改编电影票房最高**（详见第68~69页），关于《塞尔达传说》真人版电影何时上映的议题亦随之浮出水面。截至本书付梓之际，官方公布的确切信息依旧寥寥无几，这自然引发了公众广泛的猜测。据传，上图中从左至右所列的汤姆·赫兰德与托马斯·布罗迪－桑斯特等演员，均可能成为出演林克这一角色的热门人选，而亨特·谢弗和赞达亚则可能会角逐塞尔达的角色。

最快击败加侬

加侬，又称加侬多夫，不仅在字里行间，更在整个《塞尔达传说》系列中都散发着令人不寒而栗的压迫感。自1998年《塞尔达传说：时之笛》首次以3D化的方式呈现以来，加侬的形象愈发显得阴森可怖。然而，就在2024年3月24日，法国的Amateseru却以惊人的速度打破了这一僵局，创造了全新的速通纪录。他从林克位于科奇里森林的床边出发，一路过关斩将，最终击败了加侬那如同城堡般巨大的最终形态。

 趣味知识

拍卖市场上最昂贵的《塞尔达传说》系列游戏是1986年发行的经典之作《塞尔达传说》。这款游戏在2021年以惊人的87万美元（63万英镑）的天价成交！而到了2024年2月，这款游戏的另一份复刻版再次引发轰动，最终以28.8万美元（22.7577万英镑）售出。这位来自美国加利福尼亚州、年仅22岁的卖家，原本以为这份传家宝最多能卖到2万美元（1.58万英镑）。

最受好评的角色

在Metacritic评选的史上百大最受好评的游戏榜单中，林克这一角色共出现了9次。其中，《塞尔达传说：时之笛》的两个版本（原版与3DS重制版）均榜上有名，而原版的《塞尔达传说》则因评分"仅"为84分而未能入选。紧随其后的是任天堂的另一经典角色马力欧，共上榜6次（包括2008年的《任天堂明星大乱斗X》。而来自科乐美的《潜龙谍影》系列的主角索利德·斯内克则以4次上榜的佳绩稳居榜单第三位。

专题

元宇宙游戏

自计算机网络初现之日起,人类便开始畅想一个共享的虚拟世界——元宇宙。在这个无限可能的数字乐土中,一切皆可成真……

这一梦想的最初萌芽出现在20世纪70年代末。当时,大学校园里才华横溢的学子们开始在校园网上编写《龙与地下城》风格的多人在线游戏。与此同时,科幻作家们也开始挥毫泼墨,描绘未来世界的种种可能。

如今,我们或许尚未准备好迎接如《头号玩家》中那般包罗万象、无所不能的虚拟现实世界。然而,我们已然站在了一个重要的历史节点上——虚拟世界不再仅仅是游戏玩家的天下,而将成为芸芸众生日常生活的栖息之所。

《星战前夜》(2003)

2003年推出的《星战前夜》是一款超硬核的太空主题的大型多人在线游戏,创造了史上代入感最强的虚拟世界。在这个多人共享且持久的宇宙中,玩家可以实现自己的科学幻想,化身矿工、海盗、商人等多种角色。如果你渴望体验一个棱角分明、毫不留情的元宇宙,《星战前夜》绝对是你的不二之选。

《罗布乐思》(2006)

2006年横空出世的《罗布乐思》,堪称用户生成内容平台的翘楚,将元宇宙的概念推向了前所未有的高度。在《罗布乐思》这片数字化的桃花源中,玩家不再是被动地栖息于预设的虚拟环境中的观众,而是可以自建虚拟的环境以及发生的事件。

《网络创世纪》(1997)

1997年,Origin Systems 公司推出的《网络创世纪》不仅是首款取得巨大商业成功的大型多人在线游戏,更是该公司首个持久在线的网游。这款游戏奠定了许多现代大型多人在线角色扮演游戏(如《魔兽世界》)的核心机制,使得游戏世界仿佛成为一个真实的地方,即使玩家离线,时间仍在流逝,事件依然发生。

《栖息地》(1986)

卢卡斯艺界以点击式游戏著称,1986年推出的《栖息地》堪称元宇宙游戏的开山鼻祖。这款游戏不仅是首个图形界面的大型虚拟社区,更开了多人在线角色扮演游戏的先河。

《第二人生》(2003)

20年前,《第二人生》发布,它有着最接近科幻小说《雪崩》(见下文)中描绘的元宇宙场景。开发方林登实验室坚称,《第二人生》并非一款寻常的游戏。相反,它是一个让虚拟化身在数字乐土中自由交互的平台,没有人为冲突,也没有既定目标。

| 1935 | 1955 | 1986 | 1992 | 1997 | 2003 | 2006 | 2011 |

虚拟现实的历史,可以追溯到斯坦利·G.温鲍姆的短篇小说《皮格马利翁的眼镜》。在这部作品中,温鲍姆描绘了一副神乎其神的眼镜。戴上它,能享受"视觉、听觉、味觉、嗅觉和触觉"的全方位感官盛宴。

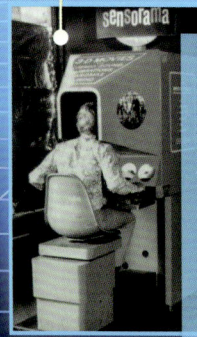

1955年,美国电影制作人莫顿·海利格构思出一种"未来影院",它不仅能呈现栩栩如生的3D影像,还能让观众感受物理运动、扑面而来的气味,甚至是忽晴忽雨的天气变化。1962年,他亲手打造了一台名为"全感官模拟器"的设备,模拟了一场穿越纽约的摩托车之旅。

"元宇宙"一词源自美国科幻大师尼尔·斯蒂芬森1992年的神作《雪崩》,指的是一个虚拟世界。这个虚拟世界宛如一扇通往理想国的大门,却处在一种能够操控人心的病毒的威胁下。

162

《堡垒之夜》（2017）

《堡垒之夜》凭借其席卷全球的人气和开发商 Epic Games 公司雄厚的技术实力，已然成为各类虚拟盛事的绝佳平台。2020 年 4 月 24 日，一场虚拟演唱会在《堡垒之夜》中上演。美国说唱巨星特拉维斯·斯科特以其独特的虚拟形象，为 1 230 万观众带来了一场视听盛宴，成为**电子游戏中规模最大的演唱会**。每当赛季即将结束之际，更多的玩家会涌入游戏，共同见证那些改变游戏地图布局的壮观场景。其中，标志着第四赛季结束的"行星吞噬者"活动更是将《堡垒之夜》推向了巅峰，吸引了高达 1 530 万玩家同时在线（详见第 164~170 页），使《堡垒之夜》成为**同时在线人数最多的游戏**。

《无人深空》（2016）

当大多数游戏还在孜孜不倦地打造虚拟世界时，《无人深空》却已经创造了一个浩瀚无垠的虚拟宇宙。Hello Games 公司的开发人员利用程序生成技术（详见第 80 页）为玩家们打造了一片由 18 000 000 兆颗行星组成的宏伟星系。虽然起步维艰，这款游戏最终还是蜕变为一款玩家热捧的经典之作，拥有一大批以探索浩瀚宇宙为己任的忠实玩家。

《我的世界》（2011）

《我的世界》是由 Mojang 公司开发的一款开放世界沙盒游戏（见第 176~182 页）。自 2009 年 5 月早期测试阶段起，该游戏便引入了在线模式。玩家可以创建和管理自己的世界，即服务器，并且在这些服务器中与大批其他玩家互动，共同搭建如第 178~179 页所展示的壮丽的宏伟建筑。

《荒野大镖客：救赎2》（2018）

在游戏界，还没有哪款作品能与摇滚之星出品的这部西部史诗相提并论。其栩栩如生的环境、令人难忘的角色和超乎想象的逼真画面，为玩家们描绘了一幅气势恢宏的西部画卷。这款游戏将牛仔梦想化作了触手可及的虚拟现实。

《沙盒》（2012）

并非所有的元宇宙游戏都是三维的，《沙盒》就是一款别具一格的二维游戏。在这里，你将开启一段创造像素宇宙的奇妙旅程。通过巧妙地组合各种遵循物理法则的元素，你可以生成各种独特的对象，并与整个社区的玩家分享你的创意结晶。

《娱乐室》(2016)

让我们暂且将那些宏大的虚拟世界抛诸脑后，来一探精巧虚拟房间的奥妙如何？《娱乐室》这款元宇宙游戏可谓是别具匠心，让玩家们摇身一变为空间魔法师，在一个虚拟的娱乐中心挥洒创意，创造出无数令人叹为观止的奇妙房间和游戏。玩家们只需凭借"创造者钢笔"这一神奇的工具便可在三维空间中设计房间或雕琢艺术品。玩家还可以用这款游戏独有的编程语言"电路"自主编程。

《赛博朋克2077》（2020）

随着经典赛博朋克科幻小说中的世界愈发接近现实，赛博朋克游戏再度掀起热潮，元宇宙的概念也随之复兴。《赛博朋克2077》作为一款动作类角色扮演游戏（详见第 134~135 页），让玩家有机会化身为经过高科技改造的"网络行者"，在数字世界中潜行探险。

2012 2014 2016 2017 2018 2020 2022 2024

Oculus 公司的头戴设备拓宽了沉浸式虚拟现实的选择，特别是在游戏领域。Facebook（现已更名为 Meta）公司洞察到了其中的巨大潜力，于 2014 年 3 月果断收购了 Oculus。

元宇宙究竟是通往美好未来的希望之光，还是潜藏着无尽风险的潘多拉魔盒？ 这是马修·鲍尔在其非虚构入门书中提出的核心问题。他认为，像《罗布乐思》和《我的世界》这样的"元宇宙雏形"不过是未来盛景的冰山一角。随着元宇宙的浪潮席卷而来，它将彻底改变从医疗保健、教育到购物、约会的方方面面。

雷鸟 AR 眼镜在 2024 年消费电子展上仿佛让我们离温斯鲍姆笔下那副神奇的"皮格马利翁眼镜"又近了一步。

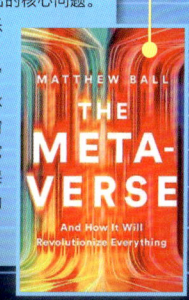

3 同时在线玩家最多的电子游戏

《堡垒之夜》

种种数据表明，Epic Games 开发的"大逃杀"游戏《堡垒之夜》已经掀起了一股热潮。2020 年 12 月 1 日，游戏中举办了一场盛大的活动——"行星吞噬者"。此次活动以漫威宇宙为主题，超级英雄们齐心协力，与吞噬星球的巨兽"行星吞噬者"展开对决。这场第 4 赛季的终极之战同时在线玩家人数高达 1 530 万，创下了历史新纪录。

回溯 2017 年，《堡垒之夜》初出茅庐时不过是一款普通的多人射击游戏，玩家们在"拯救世界"模式中携手对抗电脑敌人。后来，受《绝地求生》的启发，游戏推出了"大逃杀"模式（见第 30 页）。在这片虚拟战场上，每个人都为生存而战，将游戏变为一场紧张刺激的生存竞赛，玩家人数自此激增。

《堡垒之夜》的魅力，除了激烈的战斗，还有那不断更新的地图和新奇的功能。近年来，玩家们经历了洪水肆虐，目睹了神秘黑洞，感受了陨石撞击。接下来会发生什么呢？

在第 10 赛季中，一颗神秘流星悬于陨石坑居民头顶，弥漫不祥之气

第四章中的乌鸦队长皮肤套装（左）与扳逆山猫皮肤套装（右）

惊人数字
3 618 205
加拿大电竞战队 Lazarus 在 30 场《堡垒之夜》比赛中累计赢得 3 618 205 美元，成为《堡垒之夜》收入最高的战队。

第五章第二季《神话和人类》中的雷霆之神宙斯

第四章：OG 赛季——时光倒流，重返初始岛屿，焕新皮肤添彩

关键信息
发行年份：2017 年
开发商：Epic Games
发行商：Epic Games

24小时内《堡垒之夜》玩家数量最多的地图

对于《堡垒之夜》这款仅6年历史的游戏,怀旧的魅力依然强烈。2023年11月3日,游戏重启OG赛季(即第一章第5季),邀玩家重返初始岛屿,吸引了多达4 470万玩家,累计游玩时长达1.02亿小时。这场重温经典系列活动的开篇之战,不仅重现了游戏的经典时刻,还引入了新道具,如下图的X-4风暴之翼。

为《堡垒之夜》注入速度与声浪

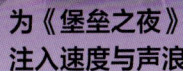

2023年12月,Epic Games推出了三款新游戏,以吸引不同喜好的玩家。对于热爱音乐游戏的玩家来说,《堡垒之夜:音乐节》无疑是个绝佳的选择,玩家可以在主舞台上一展才华,或与好友即兴演奏。首位亮相的艺术家是全球知名的威肯。而对于那些喜欢速度与激情的玩家,《堡垒之夜:火箭竞速》则是不二之选。这款游戏将《堡垒之夜》与颠覆物理常规的《火箭联盟》巧妙地融合在一起,带来了一场酣畅淋漓的极速体验。想了解第三款游戏的精彩内容,请翻阅第168~169页。

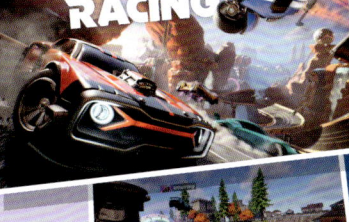

《堡垒之夜》中最贵的皮肤

2018年,银河皮肤在《堡垒之夜》中成为炙手可热的商品。这款皮肤以星空为主题,仿佛将整个宇宙装点在角色身上。然而,想要获得这一稀有皮肤,玩家不仅需要雄厚的财力,还需迅速出手。这件数字艺术品只对三星Galaxy Note 9手机或Tab S4平板电脑的购买者开放,售价分别为1 299.99美元(1010英镑)和999.99美元(777英镑)。另外,这份专属优惠仅在2018年8月10日之后的短短几日内有效,这种限时策略使得银河皮肤更加独特。

《堡垒之夜》漫威英雄中的首位角色

2018年5月,美国科幻电影《复仇者联盟3》中那位令人闻风丧胆的大反派——灭霸在当年最火爆的游戏《堡垒之夜》中出现。

此次为期一周的活动,让玩家们激动不已。在名为"无限手套"的特别模式中,找到"无限手套"神器的玩家可以化身为漫威宇宙中的泰坦魔神——灭霸。只需挥动他那紫色的巨掌,便可摧枯拉朽地毁灭建筑,将对手化为齑粉。

致敬《堡垒之夜》的传奇玩家们！

从 16 岁的百万富翁到 78 岁的银发主播，让我们在这里为各种各样的纪录保持者喝彩！他们是使《堡垒之夜》继续成为现象级游戏的中坚力量！

《堡垒之夜》选手收入榜首

美国玩家凯尔·吉尔斯多夫（玩家 ID：Bugha，左图）为《堡垒之夜》收入最高玩家。截至 2024 年 4 月 11 日，他的游戏总收入达 3 672 300 美元（2 909 920 英镑）。2019 年是他的巅峰之年，年仅 16 岁的他在世界杯中夺冠，独揽 300 万美元（240 万英镑）奖金，创下了**电竞单人赛事奖金最高纪录**（详见第 167 页），至今无人打破。那年他的总收入达到了 3 080 191 美元（2 348 045 英镑）。

收入最高的《堡垒之夜》女性玩家是美国的蒂娜·佩雷兹（玩家 ID：TINARAES，右图）。自 2018 年以来，她已在游戏中赢得了 68 290 美元（54 112 英镑）的奖金。

《堡垒之夜：大逃杀》最多胜场纪录

美国知名 Twitch 主播 Ship（下图）在《堡垒之夜："大逃杀"》中创下了令人瞠目结舌的战绩。根据 fortnitetracker.com 网站的数据，截至 2024 年 4 月 11 日，他已经斩获了惊人的 49 240 场胜利，**获得《堡垒之夜》获胜最多**的纪录，比排名第二的选手足足多出了两万场胜利。Ship 还创下了《堡垒之夜》小队模式的最高胜场纪录，在 30 145 场小队比赛中，他率队赢得了 22 111 场胜利。更令人惊叹的是，Ship 还以 564 856 次击杀成为**游戏中最致命的神枪手**，这一数字比紧随其后的玩家高出了 14 万次。达成如此卓越的战绩，Ship 在游戏中投入了超过 16 500 小时。

用口控摇杆创造《堡垒之夜：大逃杀》最多击杀纪录

美国小伙洛基·斯托坦伯 19 岁时遭遇意外，导致四肢瘫痪（颈部以下）。在《堡垒之夜："大逃杀"》中，洛基以 Rocky No Hands 的游戏 ID 创下佳绩。他不仅击败了 15 573 名对手，还用口控摇杆赢得了 1 100 场胜利，创下了**使用此类设备获胜次数最多**的纪录。洛基还在 Twitch 和优兔上直播。2020 年，他与 Luminosity Gaming 电竞战队签约，成为首位加入职业电竞团队的四肢瘫痪者。

Twitch上最年长的《堡垒之夜》女主播

75岁高龄的英国女士凯西·鲍威每天都会玩6小时的《堡垒之夜》，并在她的Twitch频道"grumpygran1948"上进行直播。截至2024年4月16日，她在该平台上已经拥有15 181名粉丝。在她的频道简介中，她自嘲道："和5年前刚开始玩游戏时一样'菜'！"老粉丝们都知道，她在玩游戏时常会即兴唱起苏格兰老歌，如《你不能把奶奶从公交车上推下去》。而 **Twitch上最年长的《堡垒之夜》男主播** 是78岁的美国退伍老兵grand007pa，他使用孙子为他组装的电脑进行游戏。

规模最大的游戏舞蹈聚会

2018年10月28日，383名《堡垒之夜》粉丝齐聚法国巴黎游戏周。粉丝们身着可爱的粉红熊帽衫，齐刷刷地跳起了游戏里的经典舞蹈动作，如"新鲜"和"激情"（两种表情动作）等。

不可忽视的佼佼者

截至2024年4月16日，《堡垒之夜》战绩榜上多项纪录再次被刷新。泰国玩家TTV R1xbox以14 592场胜利创下《堡垒之夜》**单人玩家最多获胜**的纪录。**全球对战场次最多**的是Alien2K18，共打了130 899场比赛。美国玩家primesalad更是以996 149分钟的游戏时长（相当于691天）创下**最长游戏时间**的纪录，展现了对游戏的极致热爱。

规模最大的《堡垒之夜》锦标赛

首届堡垒之夜世界杯（下图）于2019年7月26日至28日在美国纽约亚瑟阿什球场盛大举行，其在Twitch和优兔上的收视率高达2 334 826人次，创下了《堡垒之夜》比赛收视率的新高。这场赛事不仅观众众多，还拥有**电子竞技史上单人项目最大的奖金池**（相关记录见第63页），奖金高达1 528.75万美元（1 230万英镑）。原计划在2020年再次举办的《堡垒之夜》世界杯因新冠肺炎疫情而被迫取消。截至2024年4月，Epic Games公司尚无重启该赛事的计划。

《堡垒之夜》粉丝召集令！

你是否已经收集了超多《堡垒之夜》的周边好物？如果是，那就赶紧来和我们分享你的宝藏收藏吧！也许你会一举打破纪录，成为**收藏最多《堡垒之夜》纪念品**的玩家！了解更多相关信息请翻阅第8页。

DJ 棉花糖（Marshmello）在亚瑟阿什球场让观众惊叹不已

这场比赛太赞了吧！

LEGO FORTNITE

《堡垒之夜》开启积木世界

2023年12月，Epic Games与乐高集团联手推出了《乐高堡垒之夜》。在这款游戏中，玩家化身为可爱的乐高小人偶，探索一个奇妙的新世界。游戏提供沙盒和生存两种模式，让玩家自由选择。接下来，玩家可以利用乐高积木制作各类生存工具、搭建心仪的小屋、围坐在温暖的篝火旁，甚至创造出更多趣味盎然的物品。你最多可以邀请7位好友一同畅玩，共同探索这个充满无限可能的乐高世界。

搭积木固然有趣，破坏同样刺激！在《乐高堡垒之夜》中，玩家不仅能搭建，还能制作炸药。

❗ 实用技巧

为你大本营所在的村庄筑一道围墙吧。如果毫无防御，敌人会在夜深人静时悄悄靠近并突袭。将高墙建起才是安全之举，别让可恶的布鲁特怪兽偷家啦。

鸡啊、牛啊、羊啊，这些小动物都能乖乖听话，但布鲁特怪兽不会乖乖就范的！

乐高积木再创奇迹：《堡垒之夜》最大武器模型

来自加拿大阿尔伯塔省的凯尔·内维尔是一名乐高设计师，同时也是优兔博主ZaziNombies。他用5 000多块乐高积木等比例复刻了一把《堡垒之夜》中威力无穷的迷你加特林机枪。模型整体长140厘米，重量超过8公斤。经过7天不停地拼装，凯尔花了大约60个小时终于完成了这件杰作。这把巨型突击武器最终于2018年2月22日首次亮相。

游戏中的迷你加特林机枪

澳大利亚悉尼 | 日本东京 | 英国伦敦

《堡垒之夜》最大乐高雕塑：巨型羊驼模型

眼前这个庞然大物正是《堡垒之夜》中的羊驼！2023 年 12 月，美国康涅狄格州恩菲尔德市、捷克克拉德诺市和中国浙江省嘉兴市的三个乐高模型制作团队，分别花费了 850 个小时，拼成了这只高达 3.6 米的巨型羊驼。在游戏中，标志性的"补给羊驼"通常带着满满的装备出现，但这些巨大的乐高羊驼里空空如也。每只羊驼都由 234 323 块乐高积木拼接而成，一镐下去就是满地碎片！

巨型羊驼在世界各大城市亮相

美国纽约

2 在电子游戏中亮相最多的游戏角色

马力欧

惊人数字 7

作为任天堂公司精心打造的超级明星角色，马力欧拥有七种截然不同的职业身份！他不仅是水管工人，更能够摇身一变，化身为医生、赛车手、武术大师、篮球健将、足球之星，以及职业棒球赛场上的耀眼明星。

43年前，任天堂公司匠心独运，塑造了马力欧这一不朽的经典游戏角色。他以意大利水管工的形象跃然于屏幕之上，深深镌刻在广大玩家的心中。

截至2024年3月5日，马力欧·马力欧（他的全名）已在多达383款游戏中亮相，包括移植版和重制版。尽管他大多数出场都在自己的系列游戏中，但玩家亦能在其他游戏中领略到他矫健跳跃的风采（见下文）。马力欧的首次登场可追溯到1981年的街机游戏《咚奇刚》。那时，马力欧还是一个由130个像素构成的"跳跃人"。后来，一位名叫马力欧·塞加勒的房地产开发商在美国华盛顿租了一间仓库给任天堂，因其相貌酷似游戏中的"跳跃人"，这一角色便被命名为马力欧。

如今，马力欧的影响力早已超越了游戏圈，每年的3月10日还被定为"国际马力欧日"（英文的3月10日可简写为"Mar10"，与马力欧的英文名"Mario"相映成趣）。

关键信息
首发年份：1981年
游戏：《咚奇刚》
总游戏数：383

为同一游戏角色配音最多

"嗨！是我！马力欧！"这句耳熟能详的经典台词，出自美国杰出的配音艺术家查尔斯·马蒂内之口。自1995年《马力欧的游戏展览》初次问世，至2022年备受瞩目的《马力欧疯狂兔子：星耀之愿》，马蒂内已累计为这位经典角色配音高达114次。此外，马蒂内还为路易吉、瓦力欧、瓦路易基等角色献声。然而，马蒂内于2023年宣布正式告别马力欧系列游戏的配音工作。

马力欧的精彩跨界

马力欧不仅在该系列的游戏中独领风骚，还在众多游戏中频频现身。在2005年发行的《NBA街头篮球 V3》中，马力欧展现了惊人的灌篮动作（上图）。同年稍晚，马力欧还出现在《俄罗斯方块DS》（2006年）中（见右图）。此外，马力欧还在《塞尔达》《星之卡比》等备受瞩目的系列游戏中友情"客串"。

《超级马力欧》系列最快销售纪录

《超级马力欧兄弟：惊奇》——任天堂 Switch 平台的专属力作于 2023 年 10 月 20 日发售，在短短两周内，便以惊人的 430 万套销量刷新了销售纪录。官方称，虽然这一数据仅限于任天堂 Wii 和任天堂 DS 平台上发布的游戏，但即便是与早期的其他游戏相比，该游戏的销售速度也遥遥领先。此外，这款游戏在 Metacritic 平台上更是斩获了高达 92 分的优异评价。

身穿游戏角色服装完成半程马拉松的最快男选手与女选手

2023 年 9 月 3 日，英国的丹尼尔·蒂特科姆身着马力欧角色扮演服装，以 1 小时 18 分 7 秒的成绩完成了于英国伦敦举办的半程马拉松赛事。

而在女性选手中，美国的简·欧创造了另一项令人瞩目的纪录。2018 年 10 月 21 日，在加拿大多伦多举办的半程马拉松赛事上，简·欧装扮成马力欧的经典伙伴——耀西，以 1 小时 35 分 56.2 秒的佳绩完成了比赛。

《超级马力欧创作家》中的最长通关纪录

《超级马力欧创作家》（2015 年）允许玩家发挥想象力，设计并分享自己独具匠心的马力欧关卡。然而，在这款游戏中，加拿大玩家布莱登·摩尔（玩家 ID：ChainChompBraden）于 2016 年 1 月设计的地狱级难度关卡"死亡试炼"却让他陷入了无尽的挑战之中。经过长达 4 368 小时的艰苦尝试，布莱登终于在 2022 年 9 月 30 日成功通关。

然而，当他获胜时，游戏服务器已经关闭，因此这一关卡最终未能展现在世人面前。

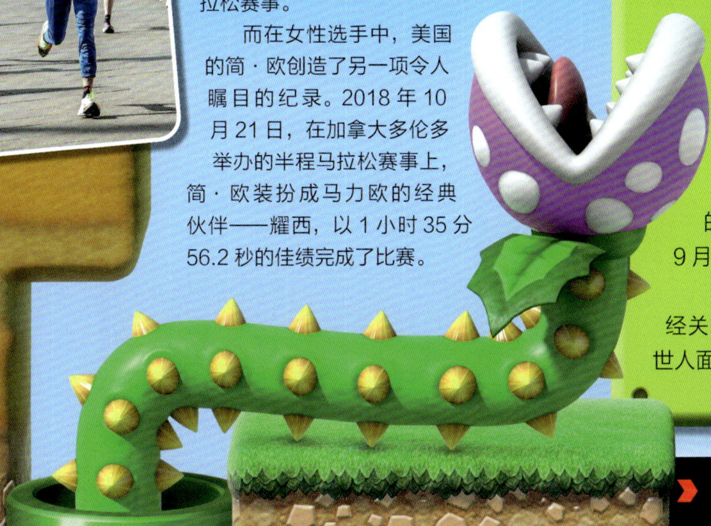

《马力欧》系列：十大畅销游戏精选

《马力欧》系列游戏总销量已突破 7 亿套，稳居电子游戏系列畅销榜榜首。在此，我们精选出该系列中深受全球玩家青睐的十款经典之作，并回顾过去一年中的一些速通纪录。

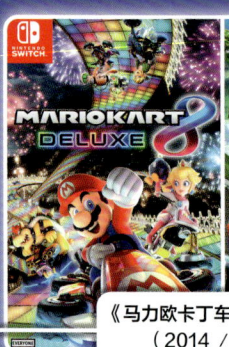
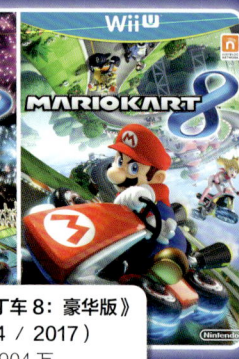

《马力欧卡丁车 8：豪华版》
（2014 / 2017）
6 904 万

速通总次数：18 572 *　　*仅限《马力欧卡丁车8：豪华版》

竞速	时长	玩家
48条赛道，无道具	01:46:57.370	PandaMK8（日本）
48条赛道，有道具	01:53:33.670	kusaan（日本）
96条赛道，无道具	03:40:33.630	poulron（法国）
96条赛道，有道具	03:52:27.080	poulron（法国）

《超级马力欧兄弟》
(1985)
4 024 万

速通总次数：8 830

竞速	时长	玩家
任意百分比无限制速通	04:54.631	Niftski（美国）

《马力欧卡丁车 Wii》
(2008)
3 738 万

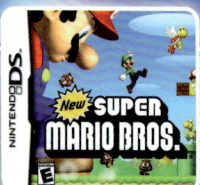

《新超级马力欧兄弟》
(2006)
3 080 万

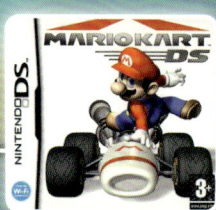

《新超级马力欧兄弟 Wii》
(2009)
3 032 万

《超级马力欧：奥德赛》
(2017)
2 765 万

《新超级马力欧兄弟 U: 豪华版》(2012)
《新超级马力欧兄弟 U》(2013)
《新超级路易吉 U》(2019)
2 609 万

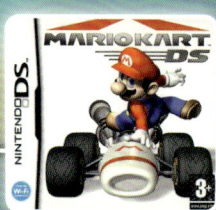

《马力欧卡丁车 DS》
(2005)
2 360 万

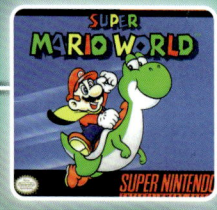

《超级马力欧世界》
(1990)
2 061 万

《超级马力欧派对》
(2018)
2 034 万

《超级马力欧64》(1996)
速通总次数：43 197

竞速	时长	玩家
120星速通	01:36:21	Weegee（美国）
70星速通	00:46:28	ikori_o（日本）
0星速通	00:06:16.600	Suigi（加拿大，上图）

《马力欧》系列：十大最受好评的游戏精选

《马力欧》系列游戏不仅连年畅销，更是好评如潮。以下是根据截至 2024 年 4 月 11 日 Metacritic 平台提供的评分数据，精心整理而出的《马力欧》系列十大备受赞誉的游戏排行榜。此排行榜中的前三名作品，并列创下了**最受好评平台游戏**的纪录。

1 《超级马力欧：奥德赛》(2017) 97 分

速通总次数：19 408

竞速	时长	玩家
任意百分比无限制速通	00:56:11	Tyron18（意大利），（上图）
100%完成速通	08:33:57	heytherecool（美国）
拯救世界	01:11:01	BusterDoggy_（美国）

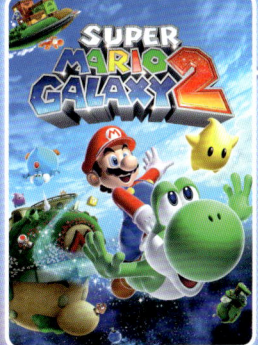

2 《超级马力欧银河 2》(2010) 97 分

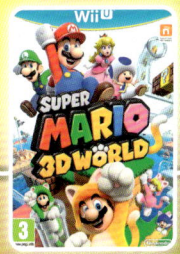

3 《超级马力欧银河》(2007) 97 分

4 《超级马力欧 A4：超级马力欧兄弟 3》(2003) 94 分

5 《超级马力欧 3D 世界》(2013) 93 分

6 《马力欧卡丁车：超级巡回赛》(2001) 93 分

7 《纸片马力欧》(2000) 93 分

8 《超级马力欧兄弟：惊奇》(2023) 92 分

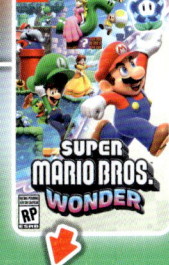

速通总次数：1 687

竞速	时长	玩家
任意百分比无限制速通	01:22:59	Tsuake（日本，上图）
100%完成速通	04:57:55	Adr1anGD（美国）

9 《马力欧卡丁车 8 豪华版》(2017) 92 分

10 《阳光马力欧》(2002) 92 分

速通总次数：11 656

竞速	时长	玩家
任意百分比无限制速通	01:13:08	JJsrl（美国）
全关卡蓝硬币齐集模式	01:51:15	Nanashi745（日本）

速通时长采用"小时:分钟:秒"的格式进行记录。

数据来源：speedrun.com，截至 2024 年 4 月 22 日。

评分排行榜前十游戏

MARIO VS. DONKEY KONG

马力欧的首秀

马力欧与咚奇刚首次登场于 1981 年的街机游戏《咚奇刚》。此后，他和劲敌咚奇刚便结下了不解之缘。这对相爱相杀的冤家最终在大银幕上化敌为友，携手对抗酷霸。回溯 40 多年前，咚奇刚曾是任天堂游戏界的霸主，而马力欧则是以"跳跃人"的配角身份出场。时至 2024 年，最新发售的《马力欧 vs. 咚奇刚》（2024）重制版中，咚奇刚得知他心心念念的玩具"迷你马力欧"到处缺货后重回恶霸形象。

此重制版不仅为玩家呈现了一个焕然一新的游戏世界，更配以卓越的视觉效果，同时保留了马力欧那标志性的大胡子形象。随着该游戏的热销，它迅速在日本与英国的销售排行榜上名列前茅。

目光锁定大力水手

宫本茂最初在构思《咚奇刚》时曾打算将备受欢迎的大力水手这一吞食菠菜的卡通形象引入游戏作为主角，但未能获得相关版权。然而，随着《咚奇刚》的问世，这款游戏异乎寻常的销售业绩为宫本茂带来了意想不到的转机，最终使他在 1982 年成功获得了制作大力水手游戏的版权。

《马力欧 vs. 咚奇刚》2024 年重制版中的精彩画面

最畅销的路易吉游戏

2019年，马力欧那位胆小的兄弟路易吉必须克服恐惧，被迫在《路易吉的洋馆3》（Next Level Games 开发）中再度开启捉鬼大业。游戏中，路易吉拎起特制吸尘器，召唤出绿幽幽的分身"古伊吉"共同作战，将盘踞在"恐怖大厦"酒店中的各种鬼怪一网打尽。截至2023年3月31日，《路易吉的洋馆3》的全球销量已突破1 398万套，成功跻身 Switch 平台最畅销游戏的前15名之列。

使用鬼怪吸尘器"Poltergust 3000"作战

在《路易吉的洋馆3》中，玩家面对弥漫着幽灵气息的17层鬼怪酒店

路易吉的首款独立游戏

发行于1990年的《路易吉投锤大战》是路易吉的首款独立游戏。这款游戏可以在液晶屏手表上操作，由麦当劳在日本和美国作为促销品推出。

紧接着，路易吉在1993年迎来了他担任主角的下一部作品——《马力欧失踪记》（上图）。这款教育类电脑游戏是1993年在 The Software Toolworks 公司的授权下制作的。

最畅销的电子游戏

《我的世界》

关键信息
首发年份：2011年
开发商：Mojang
发行商：Mojang

《我的世界》不仅稳居游戏排行榜之首，更是独具魅力，形成了独特的文化现象。自2009年5月首次发布免费试玩版以来，这款游戏在各大平台的销量已超过3亿份。作为一款引发热潮的积木沙盒游戏，它没有既定的剧本，也没有既定的目标，给予玩家无限的创造自由。尽管经历了三代游戏机的更迭，玩家们依然乐此不疲，沉浸在那随机生成的奇妙世界中，搭建出令人叹为观止的奇幻建筑（见第178~179页）和坚不可摧的堡垒，或是悠然漫步，尽情享受那昼夜交替、四季更迭的美丽景色（见第176~177页）。2014年，微软以25亿美元（20亿英镑）收购了《我的世界》的开发商Mojang，这无疑证明了《我的世界》的巨大价值和广阔前景。

构筑《我的世界》网络

《我的世界》绝非一款浅尝辄止的沙盒游戏。历经岁月洗礼，其衍生作品如雨后春笋般涌现。2015年，《我的世界：故事模式》在原版游戏的基础上巧妙地融入了互动剧情与即时反应元素。玩家的每一个抉择都能微妙地影响故事的即时走向，甚至改写后续的情节脉络。五年后，《我的世界：地下城》（右图）闪亮登场。这是一款全新的动作冒险游戏，玩家将闯入随机生成的地下城，展开热血的战斗。2023年上线的《我的世界：传奇》（主图）将玩家置于一个全新的挑战中。在这款游戏中，玩家将直面来自下界的猪灵大军，肩负起加固防御工事、抵御外敌侵袭的重任。

《我的世界》教育版

自从《我的世界》问世以来,教师们纷纷将其融入教学之中。早在2013年,**首个完全在游戏内进行的课程**就被推荐给瑞典的一所学校。2016年,微软推出了专为学校量身打造的版本——《我的世界:教育版》。

优兔收入最高的《我的世界》玩家

美国博主普雷斯顿·阿塞门特经常在他的优兔频道 PrestonPlayz 上发布一些玩《我的世界》游戏的视频,收获诸多粉丝。截至2024年3月4日,普雷斯顿的粉丝数量超过1 540 万。据权威财经杂志《福布斯》的统计数据,普雷斯顿的个人净资产为3 460 万美元(2 830 万英镑)。下图展示的是普雷斯顿与其同为优兔博主的妻子布里安娜的温馨合影。

《辐射》主题包

《超级马力欧》主题包

《小黄人》联动《我的世界》

跨界奇缘:迈向《我的世界》

尽管《我的世界》以其粉丝创作而为人熟知。然而,自2012年起,这款游戏不再局限于单一的游戏领域,而是积极寻求与其他官方游戏及影视作品的跨界合作。玩家们常常能通过参与游戏活动获得联名皮肤包的免费下载机会(如图所示)。这些皮肤包不仅设计精美,更将其他知名游戏或影视作品的元素巧妙地融入其中。以《我的世界》Wii U 版为例,该版本特别加入了马力欧及其小伙伴们的皮肤。

近年来,《我的世界》相继推出了方块风格版本的《街头霸王》(2022)、《索尼克》(2021)以及《吃豆人》(2020)等联名皮肤。

《辛普森一家》皮肤包

超越无限

就在你以为到达新世界的尽头时，地图的"边缘"通常会自动延展3 000万个像素方块。不过在旧版的《我的世界》中（2014年9月更新的Beta1.8版本之前），距离太远导致生成"主世界"的数字过大，无法进行计算，产生严重的画面扭曲，这里便是游戏世界的"无主之地"——游戏世界的边缘所在！**第一个在生存模式中踏足无主之地的玩家**是美国的 KilloCrazyMan。他在2020年6月19日完成了这个末日般的世界的探索，花费了9个月的时间。然而，并非所有玩家都有这么快的速度……

惊人数字

12 550 812

玩家 KilloCrazyMan 在速通浩瀚的"无主之地"时（左图），走过了12 550 812个像素方块（左图），这相当于12 550千米的距离！

趣味知识

图中这位美国玩家库尔特·J.麦克是《我的世界》中知名的"无主之地"旅行达人。早在2011年3月，他便开启了像素世界的"朝圣"之旅（见第179页），这也是他的慈善项目。时光荏苒，截至2024年4月，13年已经过去，库尔特依然在艰难跋涉，前方还有约58%的漫漫长路等待着他。然而，在他被另一位玩家 KilloCrazyMan（见上文）超越之前，他曾创造了**《我的世界》中最长旅行**的纪录，至2019年8月，他已经走过了3 857 848个像素方块。

库尔特荣获《我的世界》中最长旅行的吉尼斯世界纪录官方证书

在库尔特那漫长如马拉松般的徒步旅行中,伴随他的是一只忠诚的小狼狗

库尔特言道:"重要的是旅程本身,而非最终的目的地。"

电子游戏徒步之旅筹集最多的善款

来自美国华盛顿州塔科马的玩家库尔特·J.麦克正在进行一场史诗般的冒险,目标是到达"无主之地",并在他的优兔频道"'无主之地'志在必得!"上记录他的旅程。截至 2024 年 4 月,他已徒步穿越了游戏内惊人的 8 388 608 个方块(相当于 8 388 千米),其间发布了近 1 089 条视频与直播内容,粉丝数突破 40 万。库尔特的忠实粉丝们为他的慈善徒步之旅筹集了 478 683.68 美元(383 545 英镑)。库尔特慷慨地将这些善款捐赠给了多个值得尊敬的慈善机构,其中包括儿童游戏慈善基金会、直接救助组织、"保护动物与人类服务"组织以及平等正义倡议组织等。

建造者们仍在续写传说……

或许你对《我的世界》已有所了解了——不论是创纪录的销售，还是开启史诗般冒险的玩家。现在，让我们细细品味它成功的基石——这正是字面意义上的基石！当然，还有那些不断以其创造力惊艳我们的玩家。

玩家mine67称他需要"重新学习如何建造"

《我的世界》最为宏大的变形错位艺术作品

变形错位艺术作品以其独特的魅力著称，唯有从特定的视角方能窥见其"正常"的形态。以玩家"mine67"创作的《城市建筑》（左图）为例，它呈现出一幅生动的街景画面，而下图为侧面视角的照片，向我们揭示了其创作的深层奥秘——由一系列图层构成，它们以巧妙的方式融合，共同营造出一种视觉错觉。这位来自法国的杰出玩家，自2022年起便投身于这一创作之中，历经1 000多个小时的精心雕琢，反复截取了15 000余张图像。他如此感慨道："这无疑是一个充满挑战与试错的漫长过程。"

惊人数字

850 246

《我的世界》创造模式中的**最长隧道**，其构建使用的积木数量为850 246块。这一纪录由英国伦敦的玩家塞缪尔·布莱特（玩家ID：beyond belief）创造。

《我的世界》中最长的句子

2022年10月14日，英国玩家本杰明·埃尔科特用128 358个方块在游戏中重现了科学家亚历山大·格雷厄姆·贝尔的一句名言。这句名言共124个字母，每个字母有80个方块高。考虑到《我的世界》中每个方块代表一立方米，这意味着每个字母的高度竟是洛杉矶标志牌"HOLLYWOOD"的6倍！本杰明这位"方块排版大师"表示，他对作品中巨大的"G"和"W"字母"感到无比自豪"。

WHEN ONE DOOR CLOSES, ANOTHER OPENS. BUT WE OFTEN LOOK SO LONG AND SO REGRETFULLY UPON THE CLOSED DOOR THAT WE DO NOT SEE THE ONE WHICH HAS OPENED FOR US.

用乐高积木搭建的最大的《我的世界》场景模型

在 2014 年伦敦乐高积木展览会上,一座 3D 幻想迷你城市模型惊艳亮相。该模型占地面积达 17.13 平方米。前来观展的游客,尤其是孩子们,瞬间被吸引,纷纷加入城市模型的搭建活动,在方形积木板上发挥创意,搭建自己的小天地,最后组装在一起,拼成了长 8.83 米、宽 1.87 米的城市模型。

在家即可挑战的《我的世界》相关纪录

针对以下六项挑战,我们特意为你汇总了一些相关注意事项。

"翻转猪猪"用时最短

此纪录专为 16 岁以下玩家设立。参与此挑战需使用具备触控功能的设备,如平板电脑或智能手机。要翻转小猪,你需要用到名为"Dinnerbone"的命名牌,它具有一种特殊效果,能够让游戏中的生物呈现倒立状态。一旦你对小猪使用此命名牌,使其成功倒立,即挑战成功。我们诚挚地希望这些挑战能够为你带来乐趣。

建造城堡用时最短

此项挑战旨在考验参与者快速收集物品并构建一座完整城堡的能力。你的城堡需严格符合以下要求:设有四面围墙、四座配备防卫墙的塔楼、一个用于防御的闸门。此外,还需挖掘一条护城河,并架设一座木桥以便通行。当一切准备就绪,挑战者还需在城堡的最高处插上一面彩旗,以示城堡的竣工,此时计时器方能停止。

建造房屋用时最短

挑战者所建房屋的面积要大于 4×4 的方块。虽然可以随意发挥,追求更宏大的设计,但更大的规模将耗费更多时间。在规划阶段,请确保为门和窗户预留出恰当的位置。上图的房屋尚处于未完工状态,还缺少一个坡式屋顶。只有当挑战者围绕着自己建造的房屋行走一圈时,计时器才会停止。

建造铁傀儡用时最短

若要成功建造一个铁傀儡,需依照"T"字形结构,精心布置四块铁锭,并在其上安置一枚精心雕琢的南瓜头。然而,初始之时,你仅有 64 块铁矿石作为起始资源,至于其余一切,诸如雕琢南瓜所必需的剪刀等工具,均需从零开始,逐一合成。

制作并享用三块蛋糕用时最短

此项挑战要求参赛者准备牛奶、糖、鸡蛋、小麦等食材。需强调的是,在完成第一块蛋糕的制作后,必须确保参赛者将其完整地切割为六片并逐一品尝(不得遗漏任何一片),方可着手准备制作下一块蛋糕的材料。在此过程中,严禁使用任何自动化合成工具。我们衷心希望,制作与烘焙蛋糕的过程能够激发你的食欲。

最大的用乐高积木搭建的《我的世界》主角史蒂夫

你可以独自挑战这项纪录,或者和朋友一起组队。首先,确保你的乐高积木作品看起来像史蒂夫。你可以给他配一把剑或镐,或者《我的世界》游戏中的其他任意道具。完成后将显示其尺寸的照片和视频发送给我们。

! 最新游戏纪录

快来看看！我们还没有结束。以下是在《吉尼斯世界纪录大全 2025 游戏玩家版》付印前，刚刚确认的最新游戏纪录。这些纪录经过认证官的严格审核。

最大规模的异色宝可梦寻宝活动

此次活动的组织者是来自英国的玩家杰克·泰勒和爱尔兰的娜奥米·芬尼根。在他们的号召下，来自世界各地的 172 名玩家于 2022 年 9 月 16 日至 17 日共同参与了一场寻找异色宝可梦的直播活动。这对搭档还特别组织了一场为期 24 小时的在线活动，创下了**线上收集最多异色宝可梦变种**的纪录——惊人的 588 只！

玩家 Dryang101

玩家 AsylixTheGreat

最长《糖豆人》双排连胜纪录

2024 年 3 月 27 日，美国职业《糖豆人》（Mediatonic，2020）玩家 AsylixTheGreat 和 Dryang101 完成了令人瞩目的 76 连胜，打破了此前 68 连胜的世界纪录。这对组合在经过三个月的努力与挑战后，最终实现了这一不可思议的成就。

最小的掌上游戏机

这款名为拇指机（Thumby）的掌上游戏机由美国 Tiny Circuits 公司推出，是一款超迷你的游戏设备，其尺寸仅为 29.5 毫米 × 18 毫米 × 8.5 毫米，存储空间为 2MB。Thumby 预装了几款经典游戏，并支持下载其他游戏。快来试试你的手指能否灵活操控《舞动节奏！》《小小交通》和《迷宫疾驰》等游戏吧。

实际大小

惊人数字

01:05:15

截至 2024 年 4 月 24 日，**最快无障碍完成《上古卷轴 5：天际》**（贝塞斯达，2011）的纪录由日本玩家 Lithium_L 创造。

NES版《俄罗斯方块》（ROM破解版）最高分

2024年4月15日，美国玩家亚历克斯·萨奇（游戏ID:Alex T）在NES经典版《俄罗斯方块》中创造了16 700 760分的高分纪录。尽管这一分数明显高于玩家P1xelAndy（见第143页）所创的8 952 432分，但亚历克斯·萨奇使用的是ROM破解版，这使得他在遇到屏幕崩溃时仍能继续游戏，从而累积更多的分数。在《俄罗斯方块》圈内，玩家与吉尼斯世界纪录的专家们均认可这种"无崩溃"版本的纪录有效性。

《超级马力欧64》120星用时最短

根据speedrun.com官网的数据，美国玩家Weegee于2024年1月16日以1小时36分21秒的成绩完成了《超级马力欧64》（任天堂，1996）的120星通关。他利用新发现的"无需魔法地毯"通关的方法，成功跳过了彩虹赛道中需要马力欧乘坐慢速移动魔法地毯到达关卡顶部的部分。

规模最大的立式游戏机收藏

美国得克萨斯州奥斯汀市的玩家特拉维斯·奥尔弗雷已收集了100台立式游戏机，并将其展示在商店中，以吸引人们对最新主机游戏的关注。特拉维斯认为："立式游戏机已经成为一种文化现象，它们和主机游戏一样，成为游戏文化中极具辨识度的重要标志。"

《地狱潜者2》中"战略配备英雄战舰"游戏最高分

"战略配备英雄战舰"是第三人称射击游戏《地狱潜者2》（箭头游戏工作室，2024）中的一款小游戏。美国玩家梅洛迪·扎宁以13 059 604的得分，成为该游戏中首位得分超过1 000万的玩家。梅洛迪在游戏中牢记呼叫战略装备所需要输入的指令，连续输入近六个小时。游戏期间，她的朋友们通过语音聊天为她加油，鼓励她在这场艰难的挑战中取得胜利。这种惊人的专注力令人赞叹不已！

中国纪录

第一部分

《王者荣耀》职业赛事中获得总决赛最佳选手数量最多

彭云飞

在成为职业电竞选手之前，彭云飞（玩家ID：Fly）曾有过一段在后厨打荷的经历。他积攒了4个月的工资，才买到一部能打游戏的手机，而后很快发现自己在《王者荣耀》游戏中可以游刃有余。所以，他非常珍惜进入职业电竞的机会，在每个阶段，他都会给自己定下目标——要拿冠军。他对每一个冠军都非常渴望。

"其实没有什么关键技能，我只是尽全力打好每一局。在队伍陷入逆风的时候，我觉得自己必须站出来，不然就要输了呀！大胆地去尝试、去打、去拼。我觉得，成功的关键就是保持坚定的信念和日积月累的训练。有想要赢的信念，人就会去拼尽全力。平时的训练则让我知道怎么做才能赢。"

Fly 谈在《王者荣耀》职业赛事中六次获得 MVP 的秘诀

惊人数字

6

《王者荣耀》职业赛事中获得总决赛最佳选手数量最多的纪录为6次，由彭云飞在2021年8月28日于北京创造。

Fly 六次获得总决赛MVP荣誉

时间	称号
2017年	《王者荣耀》职业联赛春季赛总决赛MVP
2017年	《王者荣耀》冠军杯总决赛最佳选手（FMVP）
2017年	《王者荣耀》职业联赛秋季赛总决赛MVP
2018年	《王者荣耀》冠军杯国际邀请赛FMVP
2019年	《王者荣耀》冬季冠军杯FMVP
2021年	《王者荣耀》世界冠军杯FMVP

最年长的B站游戏博主（男子）

杨炳林

最年长的B站游戏博主（男子）是杨炳林（1935年12月10日生于中国）。2023年12月25日，经在四川省泸州市验证，当时他已88岁零15天。

杨炳林于2018年正式入驻B站，至今已近7年。退休后，杨炳林一直喜欢打游戏，从《俄罗斯方块》到现在的PS5游戏，攒了几百张游戏光盘，也有不少通关纪录。一天，有人看到他在打游戏，就拍了个视频发到了网上。这个视频受到很多年轻人的喜欢，有的夸他操作厉害，有的问他通关技巧，还有人喊他为"游戏爷爷"。这让杨炳林觉得自己和年轻人有了共同语言，有了很多可以分享的朋友。值得一提的是，当时网友们知道他买不到PS5，小香草（B站粉丝）就送了他一台，后来索尼公司也送了他一台双总裁签名的主机。这些经历让杨炳林感到，游戏不仅是爱好，更是一座桥梁，连接了他和年轻一代。

"游戏爷爷"的寄语

"希望你们在游戏里找到快乐，也能学到一些新的知识，学会坚持和思考。遇到难关不要轻易放弃，今天打不过我们就存档，明天继续，冷静观察总能找到出路。最后，别忘了多陪陪家人，如果他们对你喜欢玩游戏表示不理解，有机会也可以让他们体验体验游戏的乐趣！说不定哪天，你家也会有个'游戏爷爷'呢！"

游戏与科技

谈及游戏与科技的关系，杨炳林认为，游戏和科技是互相成就的。国产游戏《黑神话：悟空》的爆火就说明我们的科技进步了很多。20世纪90年代，游戏里还都是方块人，现在游戏里的人物连头发丝都能随风飘动，这全靠科技的进步！是科技的力量和研发人员的智慧让游戏效果更加逼真。当然，在一定意义上，游戏也推动了科技的发展，游戏里的历史考据、建筑细节，甚至武器设计，背后都是科技与各地文化风俗的融合。比如，巴黎圣母院在遭遇大火后，修复团队还参考了《刺客信条》里的相应模型。

⚠ 实用技巧

在杨炳林看来，一款游戏是一个公司数百位员工的智慧结晶，打开这些游戏就像进入不一样的世界，能体验到不一样的生活方式和人文景观。比如，他虽然没有去过中东，但《刺客信条：幻景》中的中东历史风貌让他大开眼界。关于游戏心得，他有以下三条原则：

一是不依赖攻略：遇到难关就自己摸索，虽然费时间，但解谜成功后的成就感无可替代。

二是规律作息：每天下午3点开始打游戏，3小时雷打不动，晚上9点准时睡觉。

三是记录笔记：关于每款游戏的技巧、通关时间、地图等，有需要都会记下来。有些游戏要玩很多遍，如果忘记了，就翻开笔记看看之前是怎样打过的。

最快时间完成和平精英海岛越野

刘阳深

《和平精英》是一款在线竞技手游，游戏里面有躲猫猫、跑酷、谁是内鬼等多种玩法，但最火爆的还是经典玩法，也就是大家俗称的"吃鸡模式"。游戏里有海岛、沙漠、雨林、雪地等地图，自由度很高。玩家可以进行单人游戏，也可以多人组队。快速完成和平精英海岛越野，简单说就是从n港以最快的速度跨越整个海岛地图，到达z城。

2022年2月20日，B站在上海主办了"游戏新纪录3：终极之夜"活动。在此活动中，中国选手刘阳深（玩家ID：靠嘴吃饭的阿坑）以3分16.27秒的成绩，创下了最快时间完成《和平精英》海岛越野的纪录。

实用技巧

有人认为，两点之间直线最短，开飞机是海岛越野最快的方式，但实际上飞机的速度并不是最快的，还要考虑到起飞平台油耗等。而使用其他载具，比如轿车，想要速度快就必须使用加速功能，但要面临油耗不够的问题，更何况轿车的越野能力比较一般。所以，完成海岛越野最好的载具只能是双轮摩托车。

想要用摩托完成最快海岛越野，必须熟练掌握摩托车的使用技巧，包括翘头、压头等，这个只能在一次次的练习中提升熟练度。

破纪录感言

"快速完成《和平精英》海岛越野，听起来简单，但实际上非常难。玩家需要驾驶游戏里最难操控的载具摩托车，全程按住油门，不可以松开，同时跨越各种沟沟壑壑，冲上各种飞坡，不能有一点失误，横跨整个海岛地图，最终到达终点。"

《王者荣耀》中快速模式1V1最快速获得1万经济

周嘉伟

在2017年初的情人节，朋友向周嘉伟（玩家ID：喂我些反转）分享了《王者荣耀》中英雄孙悟空的情人节限定皮肤"至尊宝"，他觉得挺好看，就下载了游戏并购买了这款皮肤，开始玩《王者荣耀》。他还通过观看游戏直播学习游戏技术，通过单排获得了"王者"称号。后续上线的英雄"干将"与他非常适配，他的胜率接近80%。后来，他便开始苦练各种英雄并冲榜打国服，从辅助入手再到射手、对抗路、中路和打野，为他在比赛中快速找出最适合参赛的英雄奠定了基础。

实用技巧

取得此项纪录时，周嘉伟使用的英雄是嬴政，因为他的普攻具有远程和穿透两个优点。一技能的剑阵适合收残血兵线或者野怪，玩家可以直接离开，节约跑图时间。二技能有一个常驻的被动移速，主动释放又可以获得大量随时间衰减的爆发移速。而且，嬴政非常适配闪电匕首（电刀）、影刃。综合这些特点，嬴政其实是拥有高效清线、清野能力和高效跑图能力的英雄，全期发育速度属于中等偏上。

惊人数字

2:44

2023年11月28日，在上海举办的iQOO 12 X B站游戏纪录挑战活动中，中国玩家周嘉伟在《王者荣耀》快速模式1V1中，以2分44秒战绩刷新了获得10 000经济的最短用时纪录。

中国纪录

第二部分

5分钟内在《王者荣耀》中获得经济最多（人机对战模式）

2022年2月20日，B站主办的"游戏新纪录3：终极之夜"活动在上海举行。在这场活动中，中国玩家周嘉伟在短短5分钟内获得10 256经济，一举刷新了5分钟内在《王者荣耀》王者峡谷地图中获得经济最多的纪录。

在《塞尔达传说：王国之泪》中最快时间收集50个呀哈哈（克洛格）果实

在2023年11月28日于上海举办的 iQOO 12 X B站游戏纪录挑战活动中，中国玩家罗扬在任天堂 Switch 热门游戏《塞尔达传说：王国之泪》中，以14分38.85秒的成绩刷新了收集50个呀哈哈果实的最短用时纪录。

最快时间在《火影忍者》手游里完成PVE特别挑战赛（晓・觉醒）

在2023年11月28日于上海举办的 iQOO 12 X B站游戏纪录挑战活动中，中国玩家马星宇在热门手游《火影忍者》中，以2分52秒的成绩完成了PVE特别挑战"晓・觉醒"，创造了该挑战的最短用时纪录。

快手平台上实时观看《王者荣耀》游戏直播人数最多

2023年1月10日，中国玩家骚白在杭州通过快手平台直播《王者荣耀》游戏期间，吸引了6 460 909人实时观看，这一数字刷新了《王者荣耀》游戏直播实时观看人数最高纪录。

最快速度完成《英雄联盟》新手教程第一关

截至2023年11月27日，中国玩家星月（玩家ID）以1分49秒的战绩刷新了《英雄联盟》新手教程最短用时纪录。

《王者荣耀》游戏中取得最多次连胜

《王者荣耀》最多次连胜纪录为333场，该纪录由中国玩家骚白于2019年1月26日在北京创造。

最快速度以"无限氮气"延续完成《QQ飞车》熔炼车间地图

2022年3月7日，在B站"游戏新纪录3"活动中，中国选手朱兵全于贵州省贵阳市凭借延时"无限氮气"技巧，在《QQ飞车》手游的熔炼车间地图上以1分20.57秒的成绩刷新了最快通关纪录。

最快速度完成《穿越火线》跳跳乐吉尼斯限定地图

2022年3月7日，在B站"游戏新纪录3"活动中，中国选手袁云杰以2分40.65秒的成绩，于四川省成都市创下了最快速度完成《穿越火线》跳跳乐吉尼斯限定地图的纪录。

3分钟内使用触屏设备在《我的世界》中收集最多木头

3分钟内使用触屏设备在《我的世界》中收集最多木头的纪录是113块，由中国选手陈泽浩于2023年2月25日在广东省东莞市创造。

收入最高的手机游戏（现有）

据 SuperData 数据，腾讯于 2015 年推出的多人在线战术竞技手游《王者荣耀》（外文名为 Arena of Valor），2017 年其在中国市场的数字销售收入高达 1 881 609 460.19 美元（1 322 583 289.57 英镑）。作为一款免费 MOBA 手游，其主要收入来源为游戏内微交易，包括玩家购买角色装扮、武器、皮肤等虚拟物品。

最多游戏玩家参与的虚拟交流会

2022 年 5 月 25 日，腾讯科技（上海）有限公司在上海举办了一场虚拟游戏玩家交流会，此次活动吸引了 45 842 名玩家参与，创下了游戏玩家参与虚拟交流会人数最高的纪录。

使用嘴控手柄在《英雄联盟》人机对战中击杀数最高

使用嘴控手柄在《英雄联盟》人机对战中击杀数最高的纪录是 216 次，由中国选手朱铭骏于 2022 年 8 月 1 日在山东省潍坊市创造。

最多人同时玩一款手机游戏

最多人同时玩一款手机游戏的纪录是 1 080 人，于 2017 年 8 月 26 日在浙江省杭州市由 Vivo Xplay6 方组织的活动中创造。

最长时间的玩手游马拉松接力

2024 年 5 月 13 日至 15 日，维沃移动通信有限公司（中国）在广东省东莞市创下手游马拉松最长接力纪录，总时长达到 56 小时 8 分 59.49 秒。

最大的游戏手柄

最大的游戏手柄长 4.002 米，长 2.168 米，宽 0.724 米，由 OPPO 旗下的 OPPO C1 游戏手柄于 2019 年 11 月 30 日在广东省深圳市创造。

编者说明

本书为引进版图书，为尊重原作者写作习惯和便于读者准确获取信息，本书酌情保留了部分外来词汇。此外，书中部分外文为图片中内容，特此说明。

致谢

ACKNOWLEDGEMENTS

Guinness World Records would like to thank the following for their help in compiling Gamer's Edition 2025:

Laura Adkins (AWR Music), Rob Barefoot (R. Talsorian games), Claire Beard (KAP toys), Jason Blagman (Rotten Tomatoes), David Bull (Crystal Dynamics), Madelyn Burr (JSA+Partners), Michael Cisneros (Sega of America, Inc.), Ellen Clark (The Walt Disney Company), Vince Clemente (Classic Tetris World Championship), Hannah Cook (Nintendo), Jeff Cork (Games Done Quick), Dana Cowley (Epic Games), Tom Goldberger (Square Enix), Tadeja Irmančnik (Outfit7), Sarah Jones (Epic Games), Daria R Licausi (Mattel, Inc.), Michael Moccio (Innersloth), Stephanie Ngo (Nvidia), Dylan Quintero (The Walt Disney Company), Adrian Page-Mitchell (Computing History. org), Massimo Petrnzzi (Computer History Museum), Shane Rhinewald (Museum of Play), Whitney Smith (AssemblyInc), Team Blue Scuti, Victoria Tran (Innersloth), Patrick Walker (Mattel, Inc.), Luke Wakeham, Ariel West (Riot Games), Colette Vignocchi (Zebra Partners).

LEGO builders: Frederick Lazell, Thomas Waugh, James Waugh, Grace Wild, Sam Wild, Theodore Maskell, Juliet Dawson, William Sinden, Henry Jones, Catherine Pearce, Caitlin Hyem

PICTURE CREDITS

Cover Kiloo & SYBO, Nintendo, Avalanche Software, Innersloth, Sega, Capcom, Epic Games, Namco; **6** Ian Bowkett/GWR; **8** James Ellerker/GWR, Paul Michael Hughes/GWR, Ryan Schude/GWR; **9** Paul Michael Hughes/GWR, Kevin Scott Ramos/GWR; **17** Ross Johnston/Newsline Media, Alamy, HyperX Gaming, Getty Images; **18** James Stephens; **19** Kevin Scott Ramos/GWR; **20** G2 Esports; **22** Getty Images; **24** Alamy/Universal Pictures; **25** David Stachel/Atmosphere, Getty Images; **26** ikemenzi; **27** Dale Tidy/Red Bull Content Pool; **31** Paul Michael Hughes/GWR, Shutterstock; **33** Ben MacMahon/GWR; **34** Getty Images; **35** Getty Images, Alamy; **36** Paul Michael Hughes/GWR; **37** Paul Michael Hughes/GWR; **38** Nicola Stocchi (@SerialBuilder_..), Bricker Builds, MasterbuilderKTC; **39** AndeeWow/LEGO Ideas, Eric Druon/Baronsat, GoofySwan099/LEGO Ideas, BrickRealm101, Richboyuhae; **44** Alamy/Nintendo, Getty Images, Shutterstock; **45** Shutterstock; **46** Alamy/Microsoft; **47** Alamy/Colombia Pictures, Richard Bradbury/GWR, TR25s; **49** Adrian Page-Mitchell/The Centre for Computing History; **51** Alamy, Shutterstock; **54** Alamy/Nintendo, The Centre for Computing History; **55** Alamy/EON Productions Limited, MGM; **57** Getty Images, Alamy/HBO, Shutterstock; **58** Getty Images; **59** Alamy/Sony Pictures, Constantin Film; **62** Alex Llopis Milà, Abraham Limpo Martinez, Rob Roberts/Orange Lounge Radio; **63** Elias Gammelgard/Red Bull Content Pool, Valve Corporation/Red Bull Content Pool; **64** Alamy, Helena Kristiansson; **65** Corey "ateatree" Schon; **67** Ranald Mackechnie/GWR; **68** Alamy/Nintendo, Illumination Entertainment & Universal Pictures, Alamy/Universal Pictures, Constantin Film, Alamy/Blumhouse Productions, Striker Entertainment, Alamy/Paramount Pictures and Sega of America, Alamy/Sony Pictures, Alamy/Warner Bros. Pictures; **69** Alamy/Universal Pictures, Alamy/Buena Vista Pictures Distribution, Alamy, Freepik, Rotten Tomatoes, Shutterstock; **71** JJ Hendricks, Steven Lucas; **74** The Strong National Museum of Play; **77** Innersloth, Tavian S. Herrera, Laura Munley, KAP Toys; **78** Getty Images, AOC/Twitch, Alamy; **79** Mp16; **82** Outfit7; **83** AGameScout; **86** Computer History Museum, CA; **87** Nvidia; **88** Garry Newman; **89** Colin Young-Wolff/Riot Games, Innersloth; **90** Getty Images, Ranald Mackechnie/GWR; **91** Shutterstock; **92** Alamy; **93** Shutterstock/Atari; **94** Kevin Scott Ramos/GWR; **101** Alamy; **104** Kevin Scott Ramos/GWR, Shutterstock; **106** Getty Images; **108** Alamy; **109** Hara Amorós/Riot Games, Alienware, Team Liquid; **110** Kiloo/SYBO Games; **111** Kiloo/SYBO Games; **112** Alamy, Shutterstock; **113** Alamy, Shutterstock; **114** SonStar/Red Bull Content Pool; **115** Daebong Kim/Red Bull Content Pool; **120** Alamy; **121** Alamy; **122** Ryan Schude/GWR; **123** Alamy, Shutterstock; **127** Alamy, Apple Studios; **131** Red Bull Content Pool, Alamy/Capcom; **132** Paul Michael Hughes/GWR; **133** Paul Michael Hughes/GWR; **134** Getty Images; **136** Rolf Otzipka; **138** Shutterstock/Sony Interactive Entertainment; **139** Shutterstock/Sega, Shutterstock/Microsoft, Shutterstock/Nintendo; **140** Alamy, Royal Mail/Crystal Dynamics; **141** Alamy, Shutterstock; **142** Alamy/Nintendo; **143** Alamy, Alamy/Apple Studios; **144** Red Bull Content Pool/Joe Gall, Getty Images; **145** Getty Images, Alamy/20th Century Studios; **147** Alamy; **148** Richard Bradbury/GWR, Paul Michael Hughes/GWR, James Ellerker/GWR; **149** Paul Michael Hughes/GWR, Kevin Scott Ramos/GWR, Richard Bradbury/GWR; **151** Alamy/Lucasfilm Ltd., Alamy/Marvel Studios; **152** Alamy/Legendary Pictures; **153** Shutterstock; **155** Paul Michael Hughes/GWR; **157** Paul Michael Hughes/GWR; **159** Alamy, Shutterstock; **161** Shutterstock; **162** Shutterstock; **163** Alamy; **166** Getty Images, Ryan "OhhRyanNiceShot" White; **167** Ross Johnston/Newsline Media, Getty Images; **174** Alamy, Shutterstock; **175** Alamy/Nintendo; **177** Alamy; **178** James Ellerker/GWR; **179** James Ellerker/GWR; **182** Paul Michael Hughes/GWR; **192** Gabriel Gurrola/GWR, Kevin Scott Ramos/GWR, Santiago Garces/GWR, Shutterstock

团队介绍

托马斯·马歇尔
游戏纪录经理

以复仇之魂重温《对马岛之魂》

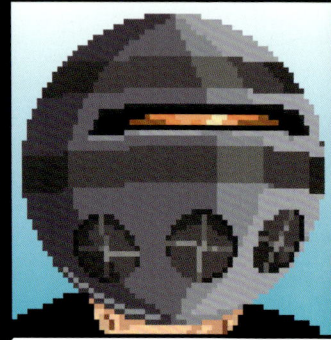

皮埃尔·萨拉尔
"宇宙飞船"专题撰稿人

由皮埃尔·萨拉尔精心策划的"太空飞船迷"在X、Threads、Bluesky、Mastodon及Instagram等多个平台上均设有账号。该账户致力于探索太空科幻领域的过去、现在和未来，展示艺术家们的作品，关注最新资讯，并回顾经典作品的创作历程。"太空飞船迷"更是一个汇聚了科幻创作的帖子、文章和深入讨论内容的集合。当然，海量的宇宙飞船相关内容是其一大特色！

韦斯利·尹-普尔
游戏顾问

当不忙着给吉尼斯世界纪录公司的游戏纪录出谋划策时，你平日里做什么工作呢？

我担任 Imagine Games Network（IGN）英国站的新闻编辑。

能谈谈你的第一次游戏经历吗？

第一次是在 NES 上接触《超级马力欧兄弟》。记得我大概八九岁时，家里买了台任天堂游戏机，我简直爱不释手。一开始玩的是《超级马力欧兄弟2》，接着就迷上了《超级马力欧兄弟3》，花了好几年把里面的秘密翻了个底朝天，后来才换上 NES，继续我的《超级马力欧世界》探险。

你小时候最喜欢的游戏是什么？

《街头霸王2》，不管是在街机厅还是在 SNES 上玩，那都是我第一次真正体验多人竞技游戏，我一下子就迷上它了！英国还没发行这款游戏时，我就迫不及待购入了日文版，并尝试着理解日文游戏手册。

你有没有最喜欢的游戏开发商？

卡普空制作的《街头霸王》系列是我游戏生涯中的挚爱！当然，《生化危机》系列、《鬼泣》还有《漫威 vs. 卡普空》，也都是我喜欢的。

那你现在最喜欢玩哪款游戏？

我平时经常玩《使命召唤》系列游戏，不过现在最让我着迷的是《地狱潜者2》。这款游戏是以我最喜欢的电影之一《星河战队》为蓝本改编而成的一款极具趣味性的合作射击游戏，玩家需要在游戏中消灭虫子和机器人。

如果让你加入一支电子竞技战队，你会首选哪款游戏？

我现在的水平大不如前了，但《街头霸王》系列，尤其是各种版本的《街头霸王2》，我还是相当拿手的。我首选的是能施展音速手刀技能的盖尔。当我绝望的时候，我还有桑吉尔夫作为备选。

明年有哪些游戏是你特别期待的？

我想全世界都在期待《侠盗猎车手6》！

是什么让你对游戏产生兴趣的？

你是说，除了破纪录的魅力之外吗？电子游戏最吸引人的地方在于它能够构建一个社区，并激励粉丝。游戏为人们营造了一个安全的环境，让玩家们可以结识志趣相投的朋友，并进行互动交流。而且，在电子游戏的世界里，总会有新奇有趣的事物在转角处等待着你……

《街头霸王》中的桑吉尔夫

克雷格·格伦迪
主编

在 Switch 平台重温《深入》的暗黑美学

简·博特菲尔德
出版与图书制作总监

借助耀西在 Switch 平台游戏《超级马力欧兄弟；惊奇》中获得优势

尔凡·盖尔
设计师

再次探索《天外世界》以获得白金奖杯

克里斯·布鲁文斯
排版编辑

带领普雷斯顿 NE 在《FC 足球世界 24》中夺冠

埃迪·德·奥利维拉
排版编辑

在 PS5 上体验《双人成行》的情感修复之旅

露西·塔拉维拉
图片编辑

追寻《塞尔达传说：王国之泪》的海拉鲁秘踪

本·霍林厄姆
高级编辑

沉浸于《赛博朋克 2077》次世代夜之城

托马斯·麦柯迪
生产经理兼分销经理

在《大逆转裁判》中惜败

马修·怀特
校对员

在 MobilityWare 开发的游戏《蜘蛛接龙》中进入第 723 关 "卡牌巨兽"

小测答案
第141页：女性角色
1. 埃洛伊（《地平线：零之曙光》）
2. 吃豆人女士（《吃豆人女士》）
3. 萨姆斯（《银河战士》）
4. 瑟蕾莎（《猎天使魔女》）
5. 碧姬公主（《超级马力欧》）
6. 尤娜（《最终幻想10》）
7. 春丽（《街头霸王》）
8. 艾莉（《最后生还者》)
9. 指挥官薛帕德（《质量效应》）
10. 吉尔·瓦伦蒂安（《生化危机》）

第129页：《FC 足球世界 24》球星阵容
前排（从左到右）：亚历山大·伊萨克、塞尔玛·巴沙、亚历克西娅·普特利亚斯、维吉尔·范戴克、孙兴慜、特里尼蒂·罗德曼、费代利科·基耶萨、恩佐·费尔南德斯。
第二排（从左到右）：祖德、贝林厄姆、大卫·贝克汉姆、维尼修斯·儒尼奥尔、埃尔林·哈兰德、萨姆·克尔、莉娅·威廉森、马尔基尼奥斯、优素法、穆科科。
第三排（从左到右）：米娅·哈姆、约翰·克鲁伊夫、亚历克斯·斯科特、罗纳尔迪尼奥、亚历山德拉·波普、胡安·罗曼·里克尔梅、迪迪埃·德罗巴、莱西、桑托斯。
后排（从左到右）：玛塔、马库斯·拉什福德、鲁迪·沃勒尔、贝利、齐内丁·齐达内、布卡约·萨卡、安德烈亚·皮尔洛。

幕后英雄

SVP Global Publishing
Nadine Causey

Editor-in-Chief
Craig Glenday

Layout Editors
Chris Bryans, Eddie de Oliveira

Managing Editor
Adam Millward

Senior Editors
Tom Beckerlegge, Ben Hollingum

Junior Editor
Caitlin Hyem

Proofreading & Fact-Checking
Matthew White

Picture Editors
Lucy Talavera, Abby Taylor

Layout Design
Ryan Gale

Cover Design
Paul Wylie-Deacon at 55design.co.uk

Indexer
Marie Lorimer

Director of Publishing & Book Production
Jane Boatfield

Production & Distribution Director
Patricia Magill

Production & Distribution Manager
Thomas McCurdy

Talent Researcher
Charlie Anderson

Head of Commissioned Content
Michael Whitty

Original Photography
Paul Michael Hughes

Production Consultants
Yannick Laag, Astrid Renders, Kevin Sarney, Maximilian Schonlau, Dennis Thon

Printing & Binding
Mohn Media Mohndruck GmbH, Gütersloh, Germany

Global Marketing Director
Nicholas Brookes

Head of Publishing & Brand Communications (UK & International)
Amber-Georgina Maskell

PR Manager (UK & International)
Madalyn Bielfeld

PR Executive (UK & International)
Alina Polianskaya

Marketing Executive (UK & International)
Nicole Dyer-Rainford

Senior Content Manager (UK & International)
Eleonora Pilastro

Senior PR Manager (Americas)
Amanda Marcus

Senior PR Executive (Americas)
Kylie Galloway

CRM Marketing Manager
Jody Ho

Global Sales Director
Joel Smith

Senior Key Account Manager
Mavis Sarfo

International Sales Manager
Aliona Ladus

Reprographics
Resmiye Kahraman and Louise Pinnock at Born Group

Global President
Alistair Richards

Governance
Alison Ozanne

Global Finance
Elizabeth Bishop, Jess Blake, Arianna Cracco, Lisa Gibbs, Kimberley Jones, Jacob Moss, Bhavik Patel, Ysanne Rogers

Business Partnering: Sian Bhari, Lorenzo Di Sciullo, Thomas Jones, Maryana Lovell

eCommerce
Sara Kali, Athina Kontopoulou, Scott Shore

Global Legal
Mathew Alderson, Greyson Huang, Matthew Knight, Maria Popo, Jiayi Teng

IT & Global Operations
Rob Howe

Project Management:
Caroline Brouwer, Vivian Peter

Digital Technology & IT:
Anita Casari, Mohamed Hanad Abukar, Oliver Hickie, Veronica Irons, Joshua Jinadu, Apon Majumder, Sohail Malik, Benjamin McLaren, Ajoke Oritu, Cenk Selim, Gerry Sweeny, Roelien Viljoen, Alex Waldu

Central Records Services
Mark McKinley

Record Content Support:
Lewis Blakeman, Amelis Escalante, Clea Lime, Will Munford, Mariana Sinotti, Dave Wilson, Melissa Wooton

Records Curation Team:
Nana Asante, Erin Branney, Megan Bruce, Dominic Heater, Esther Mann, Thomas Marshall, William Sinden

Global People & Culture
Stephanie Lunn

London: Eleonora Angelova, Jackie Angus, Gurpreet Kaur, Monika Tilani

Americas: Jennifer Olson, Mariama Sesay

China: Crystal Xu, Nina Zhou

Japan: Emiko Yamamoto

UAE: Monisha Bimal

Brand & Digital
Katie Forde

Brand Strategy & Communications
Jack Brockbank, Juliet Dawson, Lucy Hunter, Doug Male

TV & Digital
Karen Gilchrist

Social Media: Josephine Boye, Dominic Punt, Dan Thorne

Website Content: Sanj Atwal, Vassiliki Bakogianni, Vicki Newman

Commissioned Content:
Michael Whitty

Video Production & Design:
Callum Dean, Rebecca Fisher, Jessica Hargrave, Rikesh Mistry, Fran Morales, Matthew Musson, Joseph O'Neil, Catherine Pearce, Aaron Quinn, Emma Salt

Content Licensing: Kirsty Clark, Kathryn Hubbard, Kate Stevenson

GWR Entertainment
Alexia Argeros, Fiona Gruchy-Craven, Paul O'Neill, Alan Pixsley

Every effort has been made to trace copyright holders and gain permission for use of the images in this publication. We welcome notifications from copyright holders who may have been omitted.

Global Consultancies
Marco Frigatti

Global Demand Generation:
Angelique Begarin, Melissa Brown

Global Product Marketing:
Catherine Blyth, Aled Mann, Rebecca Ward

Americas Consultancy
Carlos Martinez

Commercial Account Services:
Isabella Barbosa, Mackenzie Berry, Brittany Carpenter, Carolina Guanabara, Ralph Hannah, Kim Partrick, Michelle Santucci, Joana Weiss

Commercial Marketing: Nicole Pando, Ana Rahlves

Records Management: Raquel Assis, Lianett C. Fernandez, Maddison Kulish, Alba (Niky) Pauli, Callie Smith, Carlos Tapia Rojas

Beijing Consultancy
Charles Wharton

Content Licensing: Chloe Liu

Editorial: Angela Wu

Commercial Account Services:
Catherine Gao, Linda Li, Xiaona Liu, Tina Ran, Amelia Wang, Elaine Wang

Commercial Marketing:
Theresa Gao, Nicole Kang

Events Production: Fay Jiang

Brand Communications:
Echo Zhan, Yvonne Zhang

Records Management: Vanessa Tao, Kaia Wang, Richard Xie, Vertin Pang, Alicia Zhao

Dubai Consultancy
Talal Omar

Commercial Account Services:
Sara Abu-Saad, Khalaf Badi, Naser Batat, Danny Hickson, Mohammad Kiswani, Kamel Yassin

Commercial Marketing:
Shaddy Gaad

Brand & Content Marketing:
Mohamad Kaddoura, Alaa Omari

PR: Hassan Alibrahim

Records Management: Reem Al Ghussain, Sarah Alkholb, Dina Charafeddine, Hani Gharamah, Karen Hamzeh

London Consultancy
Sam Prosser

Commercial Account Services:
Nick Adams, Monika Drobina, Sirali Gandhi, Shanaye Howe, Nick Hume, Spoorthy Prakash, Nikhil Shukla, Lucia Sinigagliesi, Nataliia Solovei

Commercial Marketing:
Amina Addow, William Baxter-Hughes

Records Management:
Muhammad Ahmed, Shreya Bahuguna, Andrew Fanning, Apekshita Kadam, Ted Li, Francesca Raggi

Tokyo Consultancy
Kaoru Ishikawa

Commercial Account Services:
Saif Alamannaei, Minami Ito, Takuro Maruyama, Yumiko Nakagawa, Nana Nguyen, Yuki Sakamoto, Wei Watanabe, Masamichi Yazaki

Commercial Marketing:
Momoko Cunneen, Hiroyuki Tanaka, Eri Yuhira

Event Production: Yuki Uebo

Brand Communications:
Kazami Kamioka, Masakazu Senda

Records Management:
Aki Makijima, Mai McMillan, Momoko Omori, Naomi-Emily Sakai, Lala Teranishi

© 2025 Guinness World Records Limited
No part of this book may be reproduced or transmitted in any form or by any means, electronic, chemical, mechanical, including photography, or used in any information storage or retrieval system without a licence or other permission in writing from the copyright owners.